어둠 속의 불기둥

대용호사 철학박사 이승록

고향마을 쪽 장군봉을 가리키는 이승록 박사

청도군 소재 장군봉의 위용

그는 기어이 해냈다

시사평론가 김대우

한恨과 정情은 우리 민족만이 가슴속에 품은 특별한 정서다. 식민지와 분단과 전쟁의 폐허를 딛고 세계 10대 강국으로 성장한 경제적 성공은 이 정서를 바탕으로 한 기적이다. "우리도 한번 잘살아 보자!"는 처절한 각오로 정든 공동체를 만들어내기까지 한반도는 용광로처럼 들끓었다.

자본도 기술도 자원도 없이 바닥에서부터 출발한 20세기 중반 세계 최빈국 대한민국이, 어떻게 21세기 초에 떠오르는 태양처럼 선진공업국으로 도약할 수 있었을까. 그건 '할 수 있다'는 의지와 교육의 성과였다.

이승록 박사는 경북 청도군 금천면 동곡동 빈촌에서 무척 가난하게 어린 시절을 보낸 불우이웃이었다.

하지만 사춘기 시절부터 사람의 삶에 대한 운명의 변화에 관심을 가져 철학을 독학했다. 중등교육도 채 못 받고 객지로 나와서 온갖 어려움을 다 극복하며 기술가공분야 종합기능사 1급이 되어 취업한 후에도 배움에 굶주렸다.

경남 창원시야말로 바로 배우면서 일하는 대한민국 공업화 시나리오의 가장 표본이 된 계획도시다. 한 개인의 성공도 마찬가지다. 배우지 않으면 결코 밝은 미래가 없다.

창원에 '용호사 철학관'을 개관하고 봉사 일념으로 지역과 사회활동에 재능기부를 실천하며, 검정고시를 통해 대학과 대학원과정을 마쳤다. 역경 속에 마침내 철학박사 학위를 따면서 못 배운 한도 다 풀자 비로소 동창생들과 이웃들로부터 받았던 격려의 정이 얼마나 소중한지 깨달았다고 한다.

40년 동안 30만 명이 넘는 도민들과 직접 접촉하며 보고들은 수많은 애환을 기억하기에, 이제 어려운 그들을 위한 삶의 현장으로 나가려 한다. 지난 인생 역정에서 보듯이 그 목표도 역시 기어이 해낼 것이다.

책을 내기까지…

기쁨은 금방 잊어버리지만 슬픔은 오래 남는 것 같다.
모진 가난을 이겨내고 비록 늦더라도 목표한 것은
순서대로 거의 이루어가고 있다.

돌아보니 그 세월이 40년 걸렸다.

어린 시절부터 힘이 되어준 동창생들이 없었다면
쉽게 건너오지 못할 가난의 다리였다.

특히 아내의 40년 간 헌신은 눈물겨웠다는 말로 차
마 다 표현하지 못한다.
모든 성공과 영광은 오롯이 아내로 인해 성취된 것
이다.

남은 인생은 아내와 함께 봉사하며 사는 것으로 창원 시민들과 세상의 인연들에게 은혜를 갚을 생각이다.

2021년 봄부터, 대학 강단에서 젊은이들의 미래를 상담하며 새로운 경험을 할 것을 생각만 해도 저절로 행복해진다.

이런 행복한 바이러스를 그동안 용호사를 기억하고 찾아주셨던 30여만 명의 경남도민들과 어려운 이웃을 위해서 아낌없이 베풀고 살아갈 예정이다.

미천한 아우에게 큰 꿈을 꾸도록 오래토록 영향을 주신 허평환 전 기무사령관님께 고마움을 전하며, 바쁜 가운데 5년에 걸쳐 틈틈이 토해낸 사연들을 정리해준 김대우 시사평론가와 〈오색필통〉출판사 편집팀에도 인사를 드립니다.

2021년 봄
대용호사 철학관 이승록

목 차

제1부 바다를 딛고

제2부 용호사 철학관

제3부 에피소드

제4부 사회활동과 봉사

두 번의 재앙 경고

━ 2015년 5월 5일 창원. 저녁 식사 자리에서 이승록 관장과 주고받았던 대화가 생각난다. 화창한 어린이날 오후 공원 곳곳에 자리 잡은 가족들의 정겨운 모습을 보면서 호숫가를 한 바퀴 돌고 온 직후였다.

마침 TV에서 박근혜 대통령의 6월 한미정상회담 일정을 뉴스로 전하고 있었다. 문득 2013년 5월 방미 기간 호텔에서 발생했던 윤창중 대변인의 성추행사건이 떠올라 혼잣말처럼 한마디 건넸다.

"방미 중에 또 미국에서 무슨 불미스런 일이 벌어지는 건 아닌가…?"
말이 끝나자마자,

"두고 보십시오. 앞으로 한 달 이내 우리나라에서 큰 재앙이 생길 겁니다"

'재앙'이란 단어에 옆에서 같이 듣고 있던 식당 여주인도 눈이 동그래져서 이 관장을 보았다.

"큰 재앙이라니요? 지난해 세월호 사건도 겪었는데… 그보다 더한 재앙이 뭐 있을까요?"

그는 약간 심각한 표정으로,
"세월호 사건은 그에 비하면 아무것도 아닙니다. 한 달 후 두고 보세요"

근 1년 동안 국상이 난 것처럼 정부에 타격을 주고, 모든 공연 이벤트가 취소되며 식당과 유흥업종에 불경기를 몰고 온 세월호 침몰. 그보다 더한 사건이 뭐 있을까 의아했다. 하지만 워낙 확신에 찬 어조로 말하기에 무슨 근거로 그렇게 예언하는지 궁금할 뿐이었다.

그의 눈에는 사람의 운세를 보는 것처럼 나라의 운명도 미리 보이는 것 같았다. 일단 한 달 뒤에 다시 얘기토록 하고, "경기가 나빠서 식당도 안 되는데 그런 일이 또 생기면 안 되는데…" 라는 여사장의 걱정을 들으면서 주제를 바꾸었다.

한 달 전 메르스 예측

그 후, 6월 3일부터 뉴스에서 메르스(중동호흡기증후군)발병 소식이 들려왔다. 그가 창원에서 예언했던 한 달 내 재앙 발생이 적중된 것이다. 지나고 보니 과연 세월호 사건은 아무것도 아니었다.

경기도에서 서울로 퍼진 메르스 환자가 전국각지로 확산되며 전 국민을 공포로 몰아넣었다. 모든 공연이 취소되고 전국의 관광버스 대부분이 주차장에 발이 묶였다. 서울 거리에 넘쳐나던 중국 관광객들이 사라지고, 예약했던 한국행 여행이 속속 취소되며 비행기는 운항 편수를 줄여야만 했다.

관광산업 붕괴로 불 꺼진 호텔과 문을 닫는 식당들이 늘어났다. 자고 나면 메르스 사망자와 확진자들이 추가로 생겼고, 자가 격리대상자도 연일 수천 명 선으로 줄어들지 않았다. 그동안 콧대 높았던 삼성병원까지도 손을 들게 한 6월은 공포의 달이었다.

민심이 흉흉하여 마침내 대통령의 예정된 방미를 연기할 수밖에 없었고, 정부가 추경예산을 요청할 정도로 메르스는 확실히 세월호 사건을 능가하는 재앙이었다. 양성 확진자들이 조금씩 줄어들기 시작한 6월 25일 이승록 관장에게 전화로 다시 물어보았다.

"이 메르스 사태는 언제쯤 끝이 날까요?"

"이번 달 말쯤이면 메르스는 기세가 꺾이고 끝납니다. 문제는 앞으로 두세 달 후에 더 큰 재앙이 생깁니다"

"또 어떤 재앙인데요?"

"그건 나라의 기둥뿌리가 뽑힐 정도의 재앙인데… 아마 북한이 도발하지 않나 하는 생각이 듭니다. 많은 인명피해도 보이고…"

너무나 자신만만한 어조였다. 실제 그가 예측한 대로 메르스는 6월 말이 지나자 기세가 꺾였다. 한 달 후에 발병할 메르스와 사라질 시기까지도 적중했으니, 두세 달 후에 발생한다는 북한의 도발 예언도 결코 흘려들을 수가 없었다. 그의 말대로 두세 달 이후를 지켜보기로 했다.

문제는 8월 4일 비무장지대에서 벌어진 지뢰 폭발사건이었다. 우리 병사들의 희생에 사과와 재발 방지를 요구하며 대북확성기 방송을 재개하자, 북한은 8월 22일 오후 5시까지 대북확성기 방송을 중단할 것을 요구하며 이후 군사적 행동에 나서겠다고 최후통첩을 보냈다.

남북한이 준 전시상태에 돌입하고 한반도의 긴장 고조로 인해 연일 주가가 폭락하며 세계적인 관심사로 부각되었다. 다행히 일촉즉발의 위기에서 남북한 고위회담이 성사되고 일단 대북확성기를 끄는 것으로 충돌은 면하게 됐다.

　　하지만 애초 이승록 관장이 예언했던 두세 달 이후의 재앙이 잠시나마 그런 식의 현실적인 위기로 적중한 것을 어떻게 해석해야 할까? 나라의 운명이 그렇게 보인다니, 과연 그렇게 될지 지켜볼 수밖에 없었다. "곧 나라의 기둥뿌리가 뽑힐 정도의 재앙이 온다"고 장담했던 말은, 결국 박근혜 대통령의 탄핵과 구속이란 국가적 위기로 마무리되었다.

　　시민들의 고달픈 인생살이를 상담하기도 하지만, 남보다 먼저 시대의 아픔을 보는 눈을 가진 것은 분명하다.

　　직장인의 불확실한 미래와 가족사에 대한 궁금증. 정신적인 부담감과 스트레스를 과연 이웃의 누구와 허심

탄회하게 얘기할 수 있을까? 개인의 사업이나 힘든 가정사를 터놓고 편하게 상담하며 조언을 구할 수 있는 곳─

이승록 관장은 그런 시민들을 상대로 하여 젊은 시절부터 평생을 철학적으로 연구한 카운셀러다.

제1부
바닥을 딛고

어 둠 속 의   불 기 둥

어둠 속의 불기둥

001

눈물 젖은 풀빵

━━ 시골길에서 학교 교문 위에 걸린 운동회 현수막만 보면 문득 떠오르는 아픈 추억이 있다. 어린 시절 우리 집은 동네에서 가장 가난했다. 1년에 몇 번씩 초등학교 반 친구들이 불우이웃돕기를 할 때면 서로 돈을 모아서 라면을 세 박스 사 들고 올 정도였다.

그 라면 세 박스를 아끼고 아끼다가 몇 개월 뒤 한 봉지를 뜯어 끓였더니 하얀 벌레들이 둥둥 떠올랐다. 라면이 아까워서 찬물로 행군 뒤 다 먹었다.

초등학교 2학년 무렵 봄. 학교마다 운동회가 열리면 어머니를 따라 빵틀과 불이 붙은 화덕을 지게에 지고 가서 교문 앞에 미리 펼쳐놓아야 했다. 뜨거운 화덕을 지고 왕복 십리 넘는 길을 오가느라 등짝은 화기로 벌겋게 달아올랐고, 얼굴은 마치 비 오듯 땀방울이 떨어져 앞을 볼 수 없었다. 등에는 수시로 물집이 생겼다가 터지는데, 빵 굽는 어머니 옆에서 코 묻은 돈을 받고 봉지에 담아주는 일로 봄날은 갔다.

초등학교 4학년 시절은 집에서 4km 떨어진 신지초등학교 방지초등학교 임당초등학교 세 군데를 번갈아 돌아가면서 장사를 했다. 어느 날 전을 펴자마자 도중에 갑자기 내린 장대비를 피하지 못해 펼쳐놓은 풀빵과 옥수수빵이 죄다 젖어서 하나도 못 팔고 빈손으로 돌아온 날이 있었다.

미리 만들어 온 풀빵 세 광주리와 옥수수빵 세 광주리가 다 젖은 다음날, 풀죽이 된 빵들을 말려서 일일이 곰팡이를 씻어내곤 온 식구들이 그걸로 일주일간 끼니를 때운 후 나머지는 도시락으로 싸갔다.

그때 상한 빵을 먹고도 왜 식중독에 걸리지 않았을까 생각하면 지금도 아찔하기만 하다. 친구들에겐 운동회가 즐거운 추억이지만 나는 눈물 젖은 풀빵으로 기억되는 이유다.

5일 장이 서는 날도 마찬가지다. 가기 싫은 여동생과 남동생들까지 억지로 끌고 나가서 식구들이 함께 도넛을 튀겨서 팔았다. 재래시장 한구석에서 한번 찾은 손님을 단골로 만들기 위해선 다른 가게보다 더 정성을 쏟아야만 했다.

산에 올라 나뭇짐을 해오는 것도 가족의 생계에 큰 도움이 되었다. 그것도 산주들과 산림 단속원들의 눈길을 피해서 하는 일이라 단속이 없는 비 오는 날이나, 눈이 오는 날은 하루 세 번씩 나뭇짐을 하고 평일에는 한 번밖에 못했다. 적발되면 지게는 물론 낫까지 다 빼앗기니 여간 조심하지 않으면 안 되었다. 어린 나이에 당시 한 짐에 50원 정도 받는 큰 벌이로, 그 일을 안 하면 온 식구가 먹고사는 문제가 걸렸기 때문이었다.

아버지가 개조해 준 큰 지게로 나뭇짐을 지고 내려올

때면 신발이 낡고 헐거워서 자꾸 벗겨지는 데다, 앞에서 오가는 차와 달리 뒤에서 오는 차를 보지 못해서 겨우 피했으나 치일 뻔한 적이 수도 없이 많다. 집에 와서 나뭇짐을 내려놓자마자 후들거리는 다리와 땀투성이로 녹초가 된 상태에서 저녁밥도 못 먹고 누운 자리에서 그대로 잠이 들었다.

8살 어린 나이에 새벽 신문 배달도 하였는데, 하루는 골목에서 갑자기 사자같이 큰 개가 나와 허벅지를 물어 신문뭉치를 끌어안고 그대로 뒹굴면서 소리쳤다. 주인이 나와서 말렸으나 허벅지는 물어뜯겨 피가 흥건했다. 아픈 다리를 절며 힘겹게 걸어서 남은 신문들을 집집마다 배달할 수밖에 없었다. 부모형제를 위해서라면 무엇이든 악착같이 해야만 살아갈 수 있었다.

어느 해 겨울엔 고무신이 눈길에 미끄러지며 구르다가 지게가 완전히 망가져서 조각난 지게 부속들을 찾아 조립하느라 두 시간여 추위에 떨었다. 배고픔을 참고 헐떡거리며 내려와서 차가운 물에 후딱 말아 간장을 반찬 삼아 찍어 먹었던 그 꽁보리밥은 영원히 잊을 수 없다.

그런 일상 속에서 이상하게도 일찍이 철학에 관심을 두게 되었다. 중학 시절 관련된 책을 구해 읽으면서 독학으로 사람의 운명에 관해서 진지하게 생각하며 사춘기를 보냈다. 그 무렵 초등학교 다니던 막내아우가 저수지에서 놀다가 먼저 세상을 떠난 것을 보면서 큰 상처가 되었다. 그토록 어린 나이에 세상을 떠나는 슬픔이 하늘에 사무칠 일이라 너무나 가슴 아팠다.

그때 동창생 중에 공부는 잘하는데 아침잠이 많은 친구가 있었다. 학교 앞에서 하숙하는 그 친구를 아침마다 깨워 공부하도록 보살폈는데, 열심히 공부하더니 행정고시까지 합격하고 훗날 고급공무원이 되었다. 4급 공무원 시절 공직을 그만두려고 할 때도 내가 만류해서 자리를 지키게 했던 친구는 자신의 미래를 모르지만 나는 그의 미래가 보였기 때문이다.

하지만 하루 이틀도 아니고 몇 년 간 잠을 설치며 아침마다 보살피는 일이 너무 힘들었다. 하루는 친구에게 "나는 신문 배달을 해야 하니 공부할 시간이 없다. 대신 네가 열심히 공부해라"고 한 후 아침 시간을 벌었다.

틈이 나면 산에 올라가서 나무 짐을 지고왔다.

소를 키우는 집에서는 나뭇짐을 해달라고 주문이 많이 들어왔다. 한 짐에 50~70원씩 쳐주니 고생스러우나 열심히 일하는 보람이 생겼다. 그 돈으로 보리쌀을 사야 생계유지가 되었다.

아버지는 6.25전쟁 때 중공군을 너무 많이 죽인 탓에 '외상후 스트레스 증세'로 정신이 좀 이상했다. 술만 좀 마시면 일이 안 끝나도 집에 들어왔으니 평생 땅 한 평 가진 것 없이 하루 벌이로 살았다. 어머니도 동작이 굼떠서 일감이 별로 없었다. 그런 나날 중에 하도 배가 고파 아버지가 일하러 간 이웃집 대문 앞에 앉아 기다렸다가 주인아주머니 배려로 배불리 쌀밥 한 그릇 얻어먹었던 기억은 아직도 생생하다.

1975. 5. 3.
봄소풍기념

002

고달픈 소년가장

── 얻어먹으면서도 장남이기에 못 먹어먹는 동생들에게는 미안했다. 그런 내 처지를 잘 아는 동네 사람들이 "승록아, 너는 절대로 엄마 아버지 닮지 마라"고 위로해 주었다. 3년간 밥만 얻어먹고 머슴살이까지 해보았으니… 살아가는 일이 워낙 고달파서 스스로 슬퍼하지 않으려고 하는 속내가 늘 있었을 것이다.

일하러 오가는 길에 취미 삼아서 온갖 동물 소리를 흉내 내며 마을 어른들과 친구들의 칭찬을 받았다. 하다 보니 연기에 소질이 있는 줄 알고 잠시 개그맨이 될 생각을 한 적도 있었다. 그러나 영장이 나와서 군대를 가느라 자연히 포기했다. 요즘 막내아들이 대학 시절부터 연기와 뮤지컬에 빠진 것을 보면서 옛 생각이 난다.

사회 첫출발은 1979년 12월 중학교를 졸업하고 어린 나이에 서울에 사는 시골 이웃 누님 집인 영등포구 신길동 철물점 점원으로 시작했다. 가끔 아기 둘 재워놓고 매형은 배달 가고 누님도 시장 간 사이 갑자기 깨어난 두 아이가 울어서 하나는 업고 하나는 안아서 달랜 적도 많았다.

거기서 의정부 도봉동에 있는 진영정밀공업사로 옮겼다. 13명 직원들 밥과 설거지를 담당하며 김치까지 담았다. 막내라서 한 겨울 냉방에 쭈그려 자면서도, 낮이 되면 힘에 부치는 큰 짐자전거를 탄 채 온 동네 골목마다 확성기로 사이렌을 울리며 석유곤로 심지를 교체하라고 소리소리 지르며 일감을 찾으러 다니는 게 일상이었다. 일을 찾아서 서울 거리 끝에서 끝까지 안 다녀본 골목이 없다.

종일 쏘다녀도 일감이 없는 날에는 수중에 돈이 없어 라면 한 그릇 못 사먹고 지쳐서 돌아 온 날. 자다가 배고픔에 잠을 깨서 수돗물 한 그릇 마시고 그냥 쓰러져 잤던 적도 많았다. 하루는 저녁밥이 제대로 뜸이 들지 않아 고두밥이 되었다는 이유로 빗자루대로 콧등을 때려서 방바닥을 적실 정도로 코피를 흘렸던 참으로 서러운 기억도 있다.

어느 날 밤에 혼자 기술을 더 익힐 욕심으로 당시 350만 원짜리 고가의 신형 선반 기계를 주인 몰래 작동

해 보다가 망가뜨려서 죽을 만큼 몰매를 맞았다. 오른쪽 무릎이 던진 쇳덩이에 맞아서 피가 철철 흐르는데도 무조건 용서해달라고 빌어야 했다. 그날 저녁에는 맞은 다리가 부어오르며 너무 통증이 심해서 도저히 잠을 잘 수도 없었다.

물론 그 인정머리 하나 없는 회사는 얼마 후 문을 닫았고 내 무릎엔 아직도 선명한 흉터가 남아있다.

어느 달은 월급 1만원을 받아서 땅을 파고 묻어놓았다. 다음 달 월급과 함께 고향 집으로 부치려고 했는데 월급 탄 날 그 자리를 파보니 돈이 사라졌다.

시골집에선 양식 살 돈이 없다고 소식이 자꾸 오는데 참으로 난감했다. 어린 나이에 애써 고생하며 번 월급을 누가 훔쳐 갔으니 속이 많이 상했다. 그걸 누군가에게 봉사했다고 생각하고 잊기까지는 세월이 한참 흐른 후였다.

003

지휘관들의 운명을
손바닥처럼 보았다

━━ 논산훈련소 훈련병 시절에 내무반장의 손금을 봐 준 게 입소문을 타고 중대장까지도 봐주게 되었다. 의정부 101보충대로 전출 간 후에는 연대장 귀에까지 들어가서 연대장실로 불려갔다. 불려간 김에 연대장에게 당돌한 제안을 먼저 했다.

"연대장님! 제가 기계가공기능사1급 자격시험을 볼 수 있도록 정비창 같은 곳으로 보내주시면 안 되겠습니까?"

"알았어. 그 문제는 내가 책임질 테니 손금이나 잘 봐 봐!"

연대장은 약속대로 86정비대대로 보내주었다. 그날 이후 손금을 잘 본다는 사실이 부대 전체에 퍼져서 사단장이 보낸 지프를 타고 불려가기도 했다. 나중에는 장교 사모님들까지 수시로 찾아와서, 나도 모르게 어깨에 힘을 주고 다녔을 것이다. 마침내 고참 상병들에게 밉보여서 하루는 으슥한 창고로 끌려가 흠씬 두들겨 맞는 신세가 되었다.

소리쳐도 누구에게 들리지 않으니 온 몸은 피멍으로 가득했다. 어느 때는 엎드려 뻗힌 자세로 군화발로 배를 걷어차여 급소를 맞아 숨을 못 쉬고 거품을 흘린 적도 있었으니… 돌이켜보면 군에서 개처럼 맞아죽지 않고 살아나온 것만 해도 천만다행이었다.

그래도 군대 생활 내내 동료들 운명을 봐주고 휴가를 나오면 고향 친구들을 만나 손금을 봐주면서 보냈다. 우선 남의 인생을 알아맞히면 스스로 재미도 있었고 실제로 얼마나 잘 맞히는가를 알고 싶은 호기심으로 충만했던 것이다.

004

1등은 결코 우연이 아니었다

━━ 상병 때였다. 군 생활 중반을 정비대대에서 교육 조교로 근무하며 '구타 근절'을 주제로 한 웅변대회에 참가할 기회가 생겼다. 입대 전 「성남직업훈련원」시절 멋모르고 대회에 나갔다가 꼴찌를 한 적이 있었는데, 너무 창피한 추억이라서 그때 3등을 했노라 거짓말을 하고 참가했다. 그걸 웅변 경력이라고 내고 참가했는데 웬걸! 중대와 대대 선발대회를 거치며 1등으로 올라갔다.

나름 노하우를 발휘했다. 우선 심사위원들과 부대원들에게 튀어 보일 필요가 있었다. 연설 막바지에 강조하는 대목에서 팔을 휘두르며 가슴에 힘주는 순간, 군복 상의 단추들이 전부 바닥으로 후두둑 떨어져 나가도록 사전에 치밀한 준비를 해놓았다. 상의를 빳빳하게 밀가

루 풀을 매겨 다림질해서 그런 연출이 가능했던 것이다.

특히 연단에 오르기 전에 군모를 벗고 대신 머리띠를 두른 것도 경쟁자들보다 돋보였을 것이다. '구타 근절' 네 글자를 각 두 글자씩 청색과 적색으로 하여 질끈 둘러매어서 연설 전부터 시각적으로 굳은 의지가 엿보이도록 했다. 당연히 다른 연사들과 차별이 되어서 점수가 더 나올 수밖에 없었다.

사단 대회의 주제는 '의식개혁'에 대한 것이었다. 나는 한 병사의 안전사고에 대한 실수담을 얘로 들어서 흥미진진하게 얘기를 풀었다. 웅변원고를 무슨 내용으로 할까 고민하고 있었는데 마침 자대로 배치되어 온 김 모 이병으로부터 아이디어를 얻었다.

"이 상병님, 이 내용이 웅변원고로 될지 안 될지는 잘 모르겠습니다만…"

하며 말을 꺼냈다. 엿장수 아버지가 리어카를 끌고

파란불에 횡단보도를 건너다가 차에 크게 부딪쳐서 식물인간이 된 교통사고인데, 그 아버지는 평소 리어카를 끌며 살았으니 리어카를 밥그릇처럼 여겼다고 했다.

입대 전날 병상의 아버지에게 "아버지, 군대 잘 다녀오겠습니다!" 라고 작별인사를 했으나 못 알아보고, "이놈들아, 빨리 내 밥그릇이나 찾아오너라!" 하면서 호통을 쳤다는 얘기였다. 듣자마자 바로 생각이 정리되었다.

웅변 당일. 단상에 올라 경례를 하면서,

"제 2군수 지원사령부 86정비대대 606중대 상병 이승록!"
강당이 떠나갈 정도로 우렁찬 목소리로 시작했다.

"아버님! 저 장남에게 큰 절 받으십시오"

"야 이놈들아 내 밥통 어디 갔노? 빨리 밥그릇 갖고 오너라! 말이다"

"저는 두 번 다시 이런 사고를 내지 않기 위해
기술병을 지원하여 이 정비대대로 왔습니다"

"김 상병! 오늘 날씨도 좋은데 시원하게 한번 밟아보
지 그래?"
　하며 대화식으로 1인 2역으로 실감 나게 연기하는 웅
변을 했다.

　결국은 신나게 속력을 내다가 횡단보도 앞에서 갑자
기 브레이크가 고장 나서 그대로 충돌한다.

　의식불명의 아버지는 어둠 속으로 사라지고 자식은
평생 그 사고를 잊지 않고 살아간다는 내용이었다.

　'우리 아버지 같은 사람 두 번 다시는 생기게 하지 말
아야지' 하는 생각으로 항상 브레이크 정비를 신경 쓰
고, 정비기능사 1급 자격도 땄다고 하자 전 장병들이
박수를 쳤다.

마지막 3군 군사령부 대회 1등을 거쳐 육군본부 대회
가 문제였다. 주제는 한 병사가 어려운 가정에서 성장
하였으나 모든 시련을 극복하고 열심히 군 생활을 한다
는 내용이었다. 무엇보다도 육군본부 심사위원들에게
뭔가 강렬한 인상을 심어줄 필요가 있었다.

　　모두가 평상 군복차림으로 연설하는데 나는 철모까
지 쓴 채 완전군장차림으로 연단에 올랐다. 가슴 양쪽
엔 모조 수류탄까지 매달고 항상 투철한 군인정신을 간
직해야 한다는 것을 시각적으로 보여주려는 시도였다.
그날 육군본부 전군 웅변대회의 제목은 〈어둠 속의 불
기둥〉이었다.

　　큰 대회에서 생전 처음으로 일등을 한 감격은 지금껏
내가 어려울 때마다 떠올리며 극복한 긍정의 에너지가
되었다. 그 어떤 기쁨도 군복을 입고 군사령부를 거쳐
육군본부대회 강당 연단에 서서 포효하며 환호 받았던
순간만큼 내 가슴을 두근거리게 하지 못했던 것 같다.

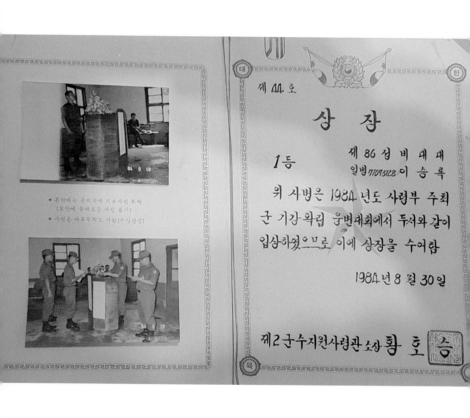

- 본인에는 공지천에 기념사진부착
  (보면에 휴대로운 사진 들가)
- 사진은 사무부처도 가입(수상장면)

005

역학에 마음 뺏긴 1급기능사

━━ 제대 후 1984년 한여름. 창원기능대학교로 가서 기능장도 되고 우리나라 최고의 기술자가 되겠다는 당찬 포부를 갖고 아래위 옷 세 벌만 싸 들고 창원으로 나왔다. 기계가공기능사 1급 자격증이 있어서 바로 취업이 될 줄 알았는데 구인광고가 없어서 취직을 못하고, 돈도 없어서 잠잘 곳이 없어 물만 마시고 시장통 식당주변에서 평상에 누워 옷 입은 채로 새우잠을 자는 노숙자가 되었다.

하루는 지나가던 아저씨가 딱하게 보였는지 다가와서, "어디에서 왔으며 왜 여기 누워있는가?" 물어서 사실대로 얘기했더니 "이리 들어오라"고 했다. 주린 배로 짜장면 한 그릇을 얻어먹으며 얼마나 맛있게 허겁지겁

먹었는지 요즘도 짜장면만 보면 그날 생각이 난다. 그 집에서 서빙과 잡일을 하면서 밥을 얻어먹고 지내다가 손금을 잘 본다고 말했더니 몇 집을 소개해 주었다.

짬을 내서 이집 저집 다니며 500원~천 원씩 받은 걸 모아서 철거지역 2천원의 월세 방을 얻었다. 하지만 곧 철거될 곳이라 방안에 곰팡이 냄새와 벌레들이 많았다. 잠잘 때도 벌레들이 몸에 붙어 가려워서 제대로 잘 수가 없었다. 이불도 베개도 없어 옷 입은 채 새우처럼 웅크려 자야만 했는데, 주인아주머니가 그걸 알고 이불과 베개를 주며 살펴주었다.

얼마 안 가 건설현장에서 막노동을 했다. 6개월간 일을 하고 사장이 도망을 가는 바람에 3개월은 월급도 받지 못했다. 할 수 없이 길거리에서 손금을 봐주며 연명하다가 기능사모집 공고를 보고 세신실업이란 중소기업 공무과에 취직되어 선반기능 일을 하게 되었다.

「성남직업훈련원」에 다닐 때 각종 기능경기대회에 참

가하며 1등을 한 경험이 많았다. 때문에 기계가공분야 1급 기능사 자격시험은 500여명 응시자 중에 단 2명만 합격하는 어려운 시험이지만 당당하게 합격했다. 입사한 회사에서 동료들보다 무려 3배나 많은 85만원의 월급을 받으며, 일과 틈틈이 동료 선후배들의 손금도 봐주었다. 주위에 잘 본다는 소문도 나자 점점 그쪽에 더 자신감이 생겼다.

당시 1급기능사 자격증이 5개나 있어서 수당을 많이 받아 잘 나가고 있었는데…. 어느 날 마산 양덕동에 있는 철학관을 찾아 신수를 보게 된다. "자네는 기술자보다 철학을 배우면 돈을 많이 벌 수 있다"는 말을 듣고 바로 직장을 그만 두었다.

공장 일보다는 남의 운명을 봐주는 게 스스로도 흥미로웠고, 날이 갈수록 생업인 기능사 일보다는 철학 쪽으로 마음이 끌려갔다. 마침내 마산 양덕동에서 운명을 잘 본다는 '송암 스님'에 관한 소문을 듣고 찾아가 사부로 삼아 받은 월급의 대부분인 매월 70만원의 비싼 수

업료를 내면서 공부하게 된다.

  그렇게 2년여를 배워 역학에 눈을 뜬 후, 스님이 소장한 책 중에서 가장 낡은 누렇게 변색한 책 한 권을 달라고 해서 독립했다. 당시 그곳에 먼저 와서 같은 길을 걷던 아내와 인연이 되어 사귀다가 평생을 함께하는 동반자가 되었으나, 처음엔 단돈 2천원을 갖고 시작한다. 부모님 도움 없이 자립해 아이 둘 키우며 겨우 살아가는데, 동생들은 도와달라고 수시로 찾아오니 한동안 가난을 벗어날 수 없었다.
  아내의 절약과 희생이 없었다면 영원히 벗어날 수 없었던 형벌과도 같은 가난이었다.

  해마다 진해 군항제가 시작되면, 벚꽃 길 행사장 도로변에 돗자리를 깔고 낡은 책을 편 채 손바닥 두 개를 큼직하게 그려놓곤 한복차림을 한 노인행세를 하고 태연하게 앉았다.

  20대 초반 젊은이가 한복차림으로 콧수염까지 붙이

고 돋보기를 낀 채 70대 노인 행세를 했다. 밥벌이가 아니라 내가 얼마나 사람들로부터 인정받을 만큼 잘 맞히는가를 검증하고 싶었던 것이다. 잘 맞힌다고 몇 푼을 주면 받고 안 받아도 그만이었다. 하지만 어설픈 연기에 들통이 난적도 많았다.

어느 날 하루는 어떤 노인이 "할 일이 없어서 젊은 놈이 이딴 걸 하고 있냐?"면서 지팡이로 책을 휘저으며 돗자리를 걷고 호통을 쳤다. "실습하러 나왔습니다"라고 얼버무리면서 자리를 옮겨 계속했다. 심지어 고향 친구의 누님과 매형을 우연히 마주쳐서 창피를 당하기도 했다. 그동안 시골에선 공장에 잘 다니고 있는 줄 알고 있었는데 길바닥에서 그런 꼴을 보았으니 황당했을 것이다.

하지만 그 시절인연이 다했는지 다니던 공장에서 작업 중에 오른손 손가락이 기계에 잘렸다. 산재처리를 안 해주려는 회사를 상대로 다툼을 하다가 노사분규를 선동했다는 미운 털도 박혀 결국 사표를 낼 수밖에 없

었다. 나 하나의 희생으로 이후 직장동료들은 산재혜택
을 받을 수 있었으니 그걸로 만족했다. 그때 심적 갈등
과 고통이 컸으나, 이빨이 없으면 잇몸으로 살아가겠다
는 결심을 굳혔다.

006

장사란 이익보다
사람을 남기는 것

── "눈물 젖은 빵을 먹어보지 않은 사람과는 인생을 논하지 말라"는 말이 있다. 어렵게 살았던 과거가 있어서, 지금처럼 인생의 고비에 부딪친 어려운 사람들의 고충을 듣고 상담을 해주는 철학관장의 삶이 어울리게 되었는지 모른다. 스스로 "나만큼 서민들의 심정을 잘 아는 사람은 없다"고 자신 있게 말할 수 있는 배경이다. 강은 건너봐야 그 깊이를 알 수 있다.

1987년 9월 10일 창원시 중앙동 대로변에 월세 7만 5천원짜리 방한 칸을 얻어 〈미춘경美春慶〉이란 철학관을 열었다. 사람들이 기억하기 쉽게 '미칭게이'철학관으로 발음이 되도록 간판을 단 셈이다. 1년 뒤 전세 2층 독채에 살던 집주인이 이사를 가는 바람에 낭패가 났다. 전

은인 배상용(78)

세 500만원에 달세 17만원 하는 방을 얻어 나가야하는
데 쫓겨날 처지가 되었다.

　마침 인연을 이어오든 중국집 사장님 배상용 어른의
전화를 받고, 자초지종 사정을 애기하여 전세 독채를
얻도록 도움을 받아 1988년 10월 경 〈용호철학관〉이라

고 큰 간판을 달 수 있었다. 그때 빌린 돈을 갚으려고 하루 밥 세끼를 두 끼로 줄여먹고 라면으로 때우면서 돈을 모았다.

그로부터 6개월 후 결혼식을 하려니 또 돈이 모자라 다시 500만원을 빌려 치렀다. 어려울 때마다 힘이 된 때문에 여태 살아오면서 그 어른을 '아재'로 모시고 누구보다 가깝게 은인으로 여기는 사이가 되었다. '돈 버는데 급급하지 말고 사람을 소중히 하자'는 신조를 갖게 된 계기였다.

007

포장마차의 새벽

━━ 한때 2년 동안 새벽 5시까지 창원시내에서 포장마차를 운영한 적이 있었다. 기존에 무허가로 영업하던 시설을 1,500만원 권리금을 주고 임차하여 주로 감자탕과 미더덕찜과 닭볶음탕을 팔았다. 주 메뉴인 감자탕은 원래 주인집 누나한테 배운 것이나, 아내가 솜씨를 더하여 쑥갓 등의 생야채를 듬뿍 올려 푸짐하게 내놓자 이내 소문난 감자탕집으로 입소문이 퍼졌다.

나중엔 두 명의 아르바이트를 두고도 쉴 틈이 없을 정도였다. 문 닫기 직전 들어오는 손님은 내보내고, 단골들은 미리 계산을 하고 상을 차려 준 후에 잠시 눈을 붙여야만 했다. 손님들 스스로 불을 끄고 문 닫고 나가도록 했을 정도였다. 다행히 나는 어릴 때부터 잠이 없

는 편이라서 오후 7시부터 새벽 5시까지 쪽잠을 자며 장사를 할 수 있었다.

한번은 추석 전날 밤을 꼬박 새우고 고향에 차례를 다녀온 아내 혼자서 미처 재료준비도 못한 채로 문을 연적도 있다. 추석이라 손님이 없을 줄 알았는데, 밤 12시가 넘자 삼삼오오 젊은이들이 들어와서 설거지를 가득 미루고 새벽 6시까지 밤을 꼬박 새웠다. 그런 시기를 넘기면서 힘들다기보다는 잘 살 수 있다는 희망과 자신감을 가질 수 있었다.

가게 2층 다락방에다 어린 애를 재워둔 채 일을 할 때면, 도중에 잠 깬 아이가 종종 엄마를 찾았다. 하지만 떠들썩한 가게 한 귀퉁이에다 눕혀놓고 마무리할 때까지 그냥 일을 계속할 수밖에 없었던 아픔도 있었다. 매일 새벽 두세 시 쯤 지친 종업원들과 둘러앉아서 감자탕 한 상을 차려놓고 뒤풀이를 하는 것도 즐거운 마무리였다.

계약기간이 끝나서 그만 둘 때는 권리금도 받지 못하고 나왔으나, 잠시나마 부부가 죽기 살기로 합심해서 잠을 아껴가며 전력으로 돈을 벌어 살아갈 기반을 잡았다. 주간에는 힘들게 철학관을 운영하며, 부부가 하루 70~80만원씩 벌어 비로소 생활의 안정을 찾게 된다. 지친 한숨을 쉴 수도 있었고 굶주렸던 지난날을 마음에서 지울 수 있었다.

한번 맛본 이들이 다시 단골로 찾아오게 만들려면 무엇보다 좋은 재료로 정성을 다해 요리하지 않으면 안되었다. 그 시절 졸음을 참고 힘들게 장사를 하면서 '장사란 이익을 남기기보다 사람을 남기기 위한 것'이란 평범한 깨달음을 얻었다.

그래도 성공한 친구들에겐 포장마차 하는 꼴을 차마 보여주기 싫었다. 아무도 뭐라고 하지 않았으나 스스로의 자존심 때문이었다. 마음속으로 '내가 친구들과 대등한 위치가 될 때까지 10년간은 만나지 말자'고 다짐했다.

실제로 친구를 중간에 한번 만났다가, "공부를 더 해야겠으니 앞으로 5년간 더 연락하지 말자"고 하곤 짬을 내서 고교 검정고시 공부에 머리 싸매고 매달렸다. 특히 영어 단어와 숙어 암기가 잘 안되어서 하루 3갑씩이나 피우던 담배도 과감하게 끊고, 검정고시 과목 9개를 나눠서 매년 두 과목씩 합격하여 5년 만에 다 합격했다.

　그 합격증이 너무나도 소중하여 액자를 만들어 지금도 사무실 가장 잘 보이는 자리에 세워둔다. 친구들이 사무실에 들르면 "뭔 검정고시 합격증을 그런 곳에 전시하느냐. 부끄럽지 않나?"고 핀잔하지만, 난 그게 박사학위보다 훨씬 대견하고 뿌듯하다.

　물론 애초 작심한대로 경제적으로 사회적으로 어느 정도 자리를 잡고난 후에는 모든 친구들과 종종 만나고 의논하는 사이가 되어있다. 어느 때 경남 충무와 부산 광안리 해수욕장으로 놀러갔던 1990년 여름. 해변 모래사장에 사람들이 빙 둘러서 웅성거리고 있는데 분위

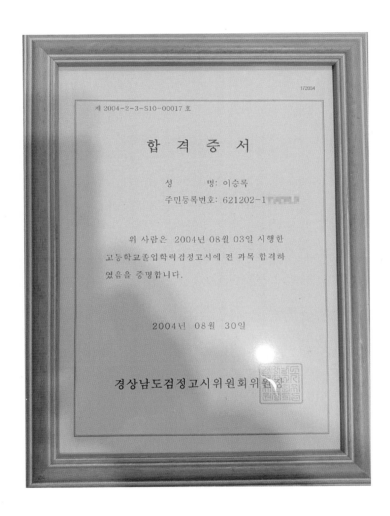

제 2004-2-3-S10-00017 호

합 격 증 서

성   명: 이승록

주민등록번호: 621202-1

위 사람은 2004년 08월 03일 시행한
고등학교졸업학력검정고시에 전 과목 합격하
였음을 증명합니다.

2004년 08월 30일

경상남도검정고시위원회위원장

기가 심상치 않아 보였다.

　친구들이 "어이 도사! 너 저기 한번 가봐라"는 말을 해서 달려 가보니 6살짜리 여아가 숨도 못 쉬고 얼굴이 창백하게 질려있었다. 직감으로 뭔가에 급체한 것 같았다. 그 순간은 오로지 한 사람의 생명을 구하자는 마음밖에 없었다. 즉시 손가락 끝마디를 바늘로 따고 손발을 주무르니 이내 혈색이 돌아오고 숨을 몰아쉬었다.

　긴장한 가족들과 구경꾼들의 박수소리를 들으면서 친구들이 나를 무척 자랑스러워하는 것을 느낀 날이었다. 숨이 끊어지려는 순간 그 장소에서 우연히 마주친 어린이와의 인연…. 참으로 사람의 운명이란 오묘한 것이 아닌가! 그날 내가 한 일은 한없이 보람 스런 추억이었다.

제2부
용호사 철학관

어 둠 속 의 불 기 둥

어둠 속의 불기둥

008

용호로에 둥지를 틀고

━━ 용호동은 창원 시내에서 가장 살고 싶은 동네로 통한다. 주변에 큰 호수도 있고 시원하게 위로 뻗은 메타세쿼이아 가로수 길이 특히 이국적이다. 메타세쿼이아는 생장 속도가 빠르고 하늘 높이 자라니 가로수로 널리 심는다.

1980년대 초반 창원지역은 대부분 개발이 안 된 벌판이었으나, 국내 최초 계획도시에 빠른 녹화가 필요했기에 1982년 충혼로를 시작으로 용호로와 창원대로 등에 메타세쿼이아를 심었던 것이다. 용호동 가로수길은 일찍이 조용한 주택가로서 가까운 공공기관을 상대로 한 음식점 몇 군데가 전부였다.

그런데 정취가 있는 메타세쿼이아 가로수를 따라 하나 둘 카페가 생기더니, 유명한 카페거리로 되어 '가로수길'이라는 이름으로 불리기 시작했다. 근처에 교차하는 거리에도 '세로수길'이라는 이름까지 붙어 카페와 식당이 줄을 지어 들어서게 된다.

그 후 30년간 월세가 급격히 상승하면서 분위기가 좋아 미리 둥지를 틀었던 예술가나 세입자들은 주변 동네로 떠나야 했다. 그런 식으로 카페와 식당이 불경기로 문을 닫으면, 도미노처럼 다른 카페와 식당이 들어서는 부침浮沈의 거리로 변해버렸다.

경남도지사 관사 맞은편 100m쯤에 위치한 곳. 도로엔 자연공원이 조성되어 있고 그 맞은편에 줄지은 고급 카페들과 함께 담쟁이 넝쿨이 에워싼 용호사 철학관.

당시 2층인 그 주택은 20여 년 전 건설회사 사장이 직접 지어서 살고 있던 큰 저택이었다. 어느 날 우연히 그 집을 보곤 탐이 났다. 정원에는 값비싼 분채나무와 꽃나무들이 많고 조경이 잘되어 있어서였다. 어려운 건설 경기로 인해 5억 원에 나온 매물을 은행융자금 3억5천만 원을 대신 떠안는 조건으로 계약했다.

계약금은 단돈 2천만 원. 잔금은 2년 안에 다 갚기로 하고 집주인을 그대로 2억 원에 전세로 살도록 했다.

당연히 2년 후에 잔금을 다 치르고 입주하여 「용호사 철학관」 간판을 당당하게 달았다. 목표 삼은대로 작지만 일단 꿈을 이룬 것으로, 운명도 바꿀 수 있는 자기암시의 위력을 체감했다.

비슷한 사례가 또 있다. 첫 자가용으로 엘란트라를 탈 때, 후미에는 그랜저마크를 붙이고 다녔다. 그랜저로 교체하게 되자 벤츠마크를 붙였고, 마침내 벤츠를 몇 년 타다가 BMW로 바꾸게 되었다. 이런 행위가 나를 모르는 사람에겐 일견 철없이 보일지 모르지만 나로선 미래가 보이는 신념에 의한 행동이었다.

입주한 후에는 좋은 꽃나무를 다시 심고, 정원 구석의 줄 단풍 아래 그늘에는 하얀 야외테이블을 놓았다. 2층 베란다에는 수박을 키우고 가을이면 담벼락을 따라 심은 포도나무에 열린 포도도 따먹었다. 지나는 행인들이 우리 철학관을 덮은 담쟁이들을 쳐다보면서 조금이라도 위안을 받았으면 하는 마음에서 심은 꽃나무였다.

때문에 용호사 철학관 쪽문은 항상 열려있었다. 사람들은 다양한 사연을 들고 쪽문으로 들어선다. 고객의 길흉을 미리 보고 처방을 해주며, 영혼이 피폐한 이들에겐 퇴마를 통해 참된 삶을 찾아주기도 한다.

까치둥지 3개

2015년 봄 들어서 집 앞의 가로수 세 그루에 까치둥지가 생겼다. 주변을 다 둘러보았으나 수백 그루가 넘는 장신의 메타스콰이아 나무 중에 유독 철학관 앞 나무 위에만 지은 둥지다. 꼭대기까지 잎이 무성하여 까치가 드나들기엔 결코 쉽지 않은 위치에다 지은 이유가 궁금했다. 까치는 길조이니 분명 철학관을 찾는 모든 이들에게 좋은 일이 생기리라고 믿었다.

간판속의 담쟁이

그뿐 아니다. 언제부터인지 철학관 대형 간판 속엔 담쟁이 넝쿨이 잘 자라고 있었다. 저녁마다 형광등 불을 켜면 담쟁이 잎들의 그림자는 더욱 뚜렷하다. 틈이 없어서 들어갈 때가 전혀 없는 공간에 어떻게 담쟁이가 손을 뻗쳐 들어갔는지 모를 일이다. 특히 형광등의 열기도 만만치 않은데 그 속에서 잘 자라는 게 신기할 뿐.

더구나 철학관 앞에는 요즘 찾아보기 힘든 공중전화 박스도 한 대 있다. 영들이 자주 드나드는 곳이니 사람들의 소식도 전하고, 까치들도 일부러 찾아들겠지 생각

해 본다.

　이름과 상호를 지어주고 이사나 혼사의 길일을 잡는다. 불안하고 방황하는 이들의 정신상담사이자 심리치료사이며 미래카운셀러로 사는 셈이다. 멀어서 쉬 찾아오지 못하는 이들은 수시로 전화를 걸어서 위안을 받는다.
　다급한 매매나 계약을 앞두고 찾는 이. 죽을병에 대해서 마지막 위안삼아 처방을 묻는 가족들. 출마를 앞두고 당락을 먼저 알고 싶은 인사들. 궁합이나 취업에 이르기까지 모든 것이 불확실한 시대다. 때문에 철학관은 흔들리는 그들에게 용기를 주고 희망을 주는 역할을 하고 있다고 생각한다.

　중년의 한 건설회사 사장은, 어느 날부터 갑자기 몸에 옷자락이나 이불깃이 닿지도 못할 만큼 살결이 뜨거워져 발가벗고 지낼 수밖에 없었다고 호소했다. 집으로 찾아가 사연을 들어본 즉, 불에 타 죽은 지인의 장례식장에 갔다가 혼령에 붙어서 따라 온 것이었다. 이른바 상문살喪門煞을 당한 경우다.

정성껏 제를 올려 영을 불러서 달래주는 의식을 치른 뒤에 예전처럼 정상적인 생활할 수 있게 되자, 며칠 후 '생명의 은인'이라면서 1억 5천만 원이 입금된 통장을 성의로 받아달라고 내밀었다. 내가 행한 퇴마의식에 합당한 사례비 3백만 원만 받고 돌려주자, "언제든지 집을 다시 짓게 되면 지어 줄 테니 꼭 말해 달라"고 당부했다.

　처음 시작할 때부터 돈을 벌 목적이 아니라 사람들에게 봉사하는 직업으로 생각하고 어려운 이들은 무료로 처방을 해주었다. 그렇게 하다 보니 40년간 무려 30여만 명과 인생 상담을 했다. 이름을 지었던 유아가 자라서 어느덧 30대 가장이 되어 자신의 갓난아이 이름을 지어달라고 찾아온다. 대를 이어 만나는 그 인연과 보람을 누가 알 수 있으랴.

009

운運이 들 때와 날 때를 알아야

── 철학관으로 사업운을 보러 오는 이들의 사연을 들을 때는 결코 남의 일처럼 들리지 않는다. 지금도 유명한 창원의 어느 '손짜장집'은 몇 차례 가게 터를 옮기며 고생 끝에 철학관을 찾아와 자문을 받고 크게 성공한 케이스다.

의욕을 잃고 수염을 잔뜩 기른 채 산으로 들어갔던 분이 내려와서 뭘 할까 묻기에, "빚을 내서라도 장사를 하라"고 자문했다. 그 후 몇 년이 지나 소문난 돼지고기 집이 있다는 소문을 듣고 찾아갔더니 과연 문전성시였고, 바로 주인이 알아보고 반갑게 인사를 했다. 기분 좋은 인연이었다.

부도 직전의 온천사업을 하는 이에겐 용왕제를 지내
도록 했는데, 그 직후부터 번창하자 기고만장하여 분수
넘치게 사업을 벌이는 것 같았다. 미리 찾아와서 상담
했다면 무리한 투자는 못하게 했을 텐데… 결국엔 지역
의 라이온스 총재까지 하며 자신을 과신하다가 망해 버
린 것도 안타깝게 지켜보아야 했다.

　　학원사업을 하던 이가 운세가 좋다고 학원을 확장하
더니, 대출을 받아 빌딩까지 사들이다가 견디지 못하고
무너진 경우도 보았다. 누구나 운이 갈 때는 무리하게
일을 벌이지 않아야 하는데 욕심이 그릇의 크기를 넘은
셈이었다.

010

나약함을 넘어 의지를 가져야

━━ 도시의 현대인들은 힘든 직장생활과 말 못할 집안의 우환 한두 가지는 누구나 다 갖고 살아간다. 몇 날 며칠을 번민하다가 철학관이나 역술인을 찾게 되는 시기도, 바로 혼자의 힘으로 그 상황을 이겨낼 수 없는 존재의 나약함을 느낄 때다. 반면, 역술의 힘에 의지해서라도 빨리 그 상황에서 벗어나보겠다는 강렬한 의지가 발동했다고도 할 수 있다.

그런 일상에서 나도 대학수능시험을 아들과 같은 해에 치르며 운명을 시험해 보아야 했다. 영어와 수학과목만은 특별히 1류 과외선생을 모셔 와서 배웠는데, 수능시험 감독으로 들어온 아들의 담임선생을 보곤 서로 민망하고 어색한 표정을 지었다. 어차피 늦깎이 대학생

살맛나는 사회구현을 위해 노력하는 '용호사'

마음으로부터 시작하는 봉사적인 철학을 펼치다

사회의 급속한 발전으로 생활은 더욱 편리해지고 있지만 과거와는 다르게 현대인들의 정서적인 면은 점차적으로 메말라가고 있다. 그만큼 모든 분야에서 경쟁의식이 넘쳐나는 각박한 시대 속에서 근심걱정으로 인해 불안감은 고조되고 정신력 또한 쇠퇴되어 가고 있으며 많은 사람들이 눈에 보이지 않는 가슴앓이를 하고 있다. 많은 스트레스로 인해 발생하는 불안감을 안고 살아가고 있지만 누구나 윤택하고 보다 나은 삶을 원하는 것은 당연하기에 인간은 누군가 자신들에게 명확한 인생 상담 또는 길을 열어주기를 원하는 심리를 가지고 있다. 이에 우리는 항상 인간의 근심을 덜어주기 위해 정확한 철학적 학문을 펼치고 있는 용호사 철학관 이승록 관장을 만나보았다.

이들의 행복한 삶에 보탬이 되기 위해 끊임없이 연구하는 이 관장만의 신통력으로 명확한 답안을 제시해주고 있다.

보편적으로 철학관이라는 시선이 아직은 칭송받는 것이 아닌 것은 사실이다. 현실적으로 살아가는 현대인들에게는 미신적인 부분이라 생각하는 사람들이 존재하기에 아직까지 이미지를 개선해야할 부분이 남아있다고 보고 있다. 각박한 현실 속에서 마음의 여유를 찾을 수 있는 시간과 공간을 찾고자 하는 인간의 심리를 정확하게 파악해주며 인생을 개척해 주는 것은 아니지만 보다 나은 길을 걸어갈 수 있도록 보조적인 역할을 해준다고 생각하면 이해하기 쉬울 것이다.

우리의 인생에 있어 타고난 팔자와 살아가면서 부딪히게 되는 좋은 운과 나쁜 운이 있을 것이다. 타고난 팔자는 바꿀 수 없을 수도 있지만 좋은 운은 더 좋도록 나쁜 운은 덜해 갈 수 있는 안전하고 평탄한 길을 인도해 줄 수 있는 합리적인 철학을 통해 상담과 처방을 하는 철학관을 찾아야 할 것이다. 시대적 흐름과 함께 현대인들의 고민이 늘어남에 따라 철학관을 시작하는 수는 급격히 늘어나고 있는데 검증되지 않은 곳을 찾아서 자신의 인생 상담을 받으면 안 될 것이다. 특히나 사이비적 철학이 난무하기에 진정으로 수련하고 인간 삶의 고민을 덜어주기 위해 노력하고 있는 철학인들의 힘든 상황은 말로 표현 할 수 없을 정도라고 한다.

용호사 철학관 이승록 관장은 대중들에게 보다 편안한 정확한 철학의 정도를 밟을 수 있는 체계를 마련하여 지속적인 철학 교육으로 전문가를 양성할 필요가 있다고 말했다. 단지 철학의 난무름을 잠기 이전에 우선적으로 모든 이들이 참다운 삶을 살아갈 수 있도록 노력해야 할 수 밖에 없는 부분이라 강조했다.

인생의 길잡이로 삶의 윤활유를 제공하다

창원에서 24년 간 많은 사람들의 근심걱정을 해소해 주기위해 끊임없이 연구하고 수련하는 용호사 철학관 이승록 관장만의 철학 정신은 창원시민들 사이에 오고가는 소문으로도 확인할 수 있는 사실이다. 인간에게는 천직이 있다고 말하고 그 천직을 찾기 위해 시행착오를 겪으면서 살아갈 것이다. 그것이 바로 이승록 관장을 두고 말하는 것이라고 본다. 처음부터 철학의 길을 걸어온 것이 아니라 많은 기술 자격증을 소유하고 인정받는 유능한 기능인의 길을 걸어오면서도 아무런 미련 없이 철학의 길로 접어들었다. 처음 시작은 좁은 공간의 달세로 시작하였지만 많은 이들의 상담을 해주면서 세월이 흘러 자연스럽게 지금의 위치까지 오게 되었다고 한다.

인생의 길잡이가 되어주는 역할을 해야 하는 철학관 관장의 수련은 끊임없어야 한다는 이승록 관장은 과거 가정형편으로 인해 학업을 펼치지 못했기에 검정고시를 통해 고등학교를 졸업했다. 그 후 동의대학교와 부산대학교를 수료하여 지속적으로 학업을 수행해 나아가고 있으며 앞으로는 우리나라의 최고라고 하는 서울대학교에서 더 넓은 지식을 쌓고자한다고 말했다. 학업의 열정이 남다르고 본인이 가정형편으로 인한 제약을 받았기에 어려운 형편에 있는 지역 내 학생들을 위해 매 년 꾸준하게 장학금을

오산호수앞 홍연시 학교육연의원장 이능축 장학금 전달

활을 각오한 터라 부끄러운 상황은 아니다.

시간을 내서 동의대 경제학과를 다녔고, 부산대와 경
남대 북한대학원대학교, 창원대 경영대학원도 수료했
다. 창원대학에서 석사과정, 동의대학교 대학원 박사과
정을 공부하면서 '창원을 사랑하는 시민연합' 운영위원
장과 아들의 학부형시절에 했던 학교 운영위원장을 8
년째 계속했다. 그 인연으로 인해 매년 13명 학생들에
게 위원장명의로 장학금을 주는 보람도 크다.

창원대 경영대학원 석사과정 지도교수와 함께

011

신축건물 대용호사 철학관으로

━━ 2017년 들어서 정들었던 용호사 철학관 건물을 매각했다. 그 무렵 창원대학 부근 상가 앞을 차를 몰고 지나다가 우연히 신축중인 3층 건물이 눈에 띄었다. 1층 상가 두 칸과 반 지하 두 칸은 임대를 주고 위층은 철학관으로 사용하면 좋겠다는 생각이 들었다. 건물주도 인연이 닿아야 서로 조건이 맞춰지는 것이다.

'대용호사 철학관'으로 새 간판을 달고 처음으로 임대인이 된다. 4군데 상가에서 고정 월세가 들어오니 매입에 부담이 적었다. 이사를 마친 후 순차적으로 입주한 임차인들의 사정을 늘 살펴보았다. 입주 초기에는 식당 앞에 고객들이 줄을 서서 기다렸지만 2020년 봄이 되자 코로나19 여파로 인해 상가는 눈에 띄게 위

축되어 갔다. 언제쯤 마스크를 벗고 상가 출입을 자유롭게 할 수 있을지 예상할 수도 없었다.

상가마다 계약기간이 정해져 있었으나 그 기간에 관계없이 몇 달간은 받은 월세 중 일부를 되돌려주는 것으로 마음의 부담을 덜었다. 하지만 영업시간을 9시까지 강제 단축하는 사태가 오자 길거리에 오가는 사람들이 갈수록 줄어들었다. 2021년 봄부터 들어선 상가마다 매월 임차료를 수십만 원씩 깎아서 받고 있다.

4개 상가 임차인들이 코로나 불경기로 인해 문을 닫으려는 생각을 하기에 경기가 나아질 때까지 각 가게마다 월세를 40%씩 감해주었다. 비록 임대 월세 총액은 줄었으나, 임대인이 임차인의 힘든 사정을 잘 알면서도 모른 척 하는 것은 이웃의 도리가 아니다.

우연히 알게 된 이웃 중에 외국에서 온 딱한 주부가 있었다. 불경기에다 모진 병에 시달리며 일자리를 잃어서 반년 동안 양식을 제공하고 월세 없이 잠자리까지 마련해 주었다.

　역지사지易地思之다. 직장을 못구해 한때 나도 노숙하던 시절이 있었다. 입장을 바꾸어 생각해보면 누구나 할 수 있는 일로서, 혈육이 아니라도 어려운 시절의 고비를 함께 넘어가는 게 상생相生의 도리를 실천하는 것이라고 생각한다.

012

부산과학기술대학교에 신설된
풍수명리복지과

━━ 박사학위는 부적符籍에 관한 내용으로서 이 분야에
선 내가 국내 최초로 연구하고 받은 학위라는 자부심을
갖는다. 게다가 운이 닿았는지 2021년 신학기부터 부
산과학기술대학교에 신설된 풍수명리복지과에 응모하
여 치열한 경쟁을 뚫고 교수로 임용될 수 있었다. 지방
대학들의 어려움에도 불구하고 대학 측이 미래를 위한
결단으로 선택한 조치였다. 개강을 앞두고 비대면 수업
준비를 하면서 기대가 크다. 다행히 평소 유튜브 방송
을 한 경험이 큰 도움이 된다.

박사과정 김종의 지도교수

부산과학기술대학교(부산광역시 북구)

제3부
에피소드

어 둠 속 의 불 기 둥

어둠 속의 불기둥

013

허평환 장군과의 만남

—— 우연한 인연으로 대령 시절 창원에서 만나 의형제를 맺게 된 경남 고성출신 허평환 전 국군기무사령관.

"대한민국 주도로 자유민주주의 시장경제체제에 의한 남북평화통일을 이뤄 우리와 우리 자손들을 행복하게 살게 하기 위해 국민행복당을 창당한다"는 뜻에 공감하여 2012년 총선과 대선을 2년쯤 앞두고 전국적으로 당원을 모아서 급조한 당이 바로「국민행복당」이다.

‘강대한 선진 통일 대한민국 건설’을 목표로 창당한 국민행복당은 ‘근본을 갖추고, 국민이 더 잘살고, 강력한 자주국방력을 갖추고, 화합하고 단결하는 국가 건설’ 등을 목표로 내걸었다. 당시 경남도당 위원장을 맡아서 서울 장충체육관에서 열린 중앙당 창당대회 일정에 맞추느라 그야말로 물심양면으로 인맥을 찾아다녔다.

초대 당대표로 선출된 허평환 전 국군기무사령관은 "지금 대한민국은 경제 · 안보 · 정체성 · 도덕성 위기에 빠져들어 언제 침몰할지 모르는 총체적 위기에 처해 있다"면서 "이것은 썩은 직업 정치꾼들 때문"이라고 말했다.

그는 "기존 정치세력은 대다수가 썩고 병역을 기피한, 자기만 아는 부도덕하고 이기적인 사람이 대다수"라며 "이들은 가짜 보수다. 새 사람이 나와 새 정치를 해 새 나라를 만들어야 한다"며 지지를 호소했다.

경남도당은 1주일 만에 1,300명의 입당원서를 받아내 16개 시도당 중에서 가장 먼저 창당을 했고, 전국에서 2

국민행복당 경남도당 창당대회 이승록 도당위원장.2011-9-28

허평환 국민행복당 대표. 서울 장충체육관 중앙당 창당대회에서…

▲ 우리공화당 조은진·허평환 공동대표

▲서울역에서 남대문을 향해 행진하는 우리공화당 당원들

천여 명의 당원들이 상경하여 성황리에 행사를 치렀다.

하지만 전국에서 당원 5만 여명을 확보한 보수성향 국민행복당도 군소정당의 한계를 넘지 못했다. 임박한 대통령 선거일정 앞에 제대로 홍보도 못한 채 아쉬움을 감추고 여당인 박근혜 후보의 새누리당과 손잡으며 꿈을 접게 된다.

2017년 탄핵사태 이후 허평환 장군은 조원진 의원과 함께 대한애국당과 우리공화당의 공동대표 · 서울시당 위원장으로서 전국적으로 거리투쟁을 이끄는 것을 멀리서 안타깝게 지켜볼 수밖에 없었다.

"태양에 바래지면 역사가 되고, 풍광에 물들면 신화가 된다" 작가 이병주 선생의 소설 「산하山河」에 나오는 대목이다. 나는 오랫동안 지역봉사활동을 통해 인맥교류가 넓어지며 정치의 중요성을 좀 알게 되면서, "사람들의 입에 오르내리게 되면 자의반 타의반으로 정치인이 될 수도 있다"는 사실을 비로소 절감하게 되었다.

014

5월의 친구들

━ 동곡초등학교 15회 동창들은 특히 기억에 남아 있다. 재학 중에 불우이웃돕기 성금을 모아서 라면을 들고 집을 찾아와준 고마운 동기생들이기 때문이다. 당시 우리 집 사정이 가장 어려웠던 탓에 나는 중학교 졸업식도 하기 전에 제일 먼저 돈을 벌기 위해 서울로 올라가서 고향친구들과 우정을 나눌 기회도 적었다고 할 수 있다.

그중에 자주 만나는 친구들 몇 명은 '일오회'란 친목 모임을 갖고 있으며 서로 경조사가 있을 때마다 가끔 만나는 사이였다. 하지만 다들 먹고 살기 바빠서 대부분 일찍 고향을 떠나 50세가 넘다보니, 하나 둘 손자까지 보면서 인생을 돌아보고 뭔가 허전한 마음을 공유하게 되었다.

친구야, 반갑데이!

2015년 들어서 연락이 되는 졸업생 전부가 참여하는 당일치기 여행을 하기로 한 것이다. 졸업생 57명 중 고인이 된 3명을 제외하고 연락이 되는 친구들 중 거의 반이 참석했다. 불참한 몇 명은 10~20만원씩 찬조금을 내고, 떡을 해서 들고 온 친구들과 그날 점심을 낸 친구도 있다. 나는 오랜만에 만날 동창들 생각에 설레는 맘으로 관광버스를 마련했다.

일요일 아침 7시 경산시청 주차장에서 만나기로 한 날. 다들 소풍가는 기분으로 새벽잠을 설치고 멀리서 달려온 친구들이 삼삼오오 버스주위에 모여 있었다. 개명한 친구도 있고, 대부분 어릴 때 얼굴이 남아있는 가운데 일부 얼굴을 조금 고친 여자 친구들도 보였다. 다들 자리에 앉자마자 40여 년 전의 추억을 되살리느라 한동안 차안이 시끌벅적해졌다.

축 이승록(철학박사) 부산과학기술대학 교수 임용 축
동곡초등학교 15회 동기 일동

"이게 누고?"

"내 모르겠나?"

빤히 얼굴을 뚫어지게 쳐다보며,

"가시내야, 니 눈이 왜 이리 달라졌노?"

"니도 옛날보다 마이 예뻐졌네…"

"손자가 둘이라니 할매라고 불러야겠지"

"전보다 살이 많이 빠져 날씬해졌다"

"내가 누구 아이가?"

"그래그래, 니 이름은 안다. 근데 얼굴은 잘 모르겠
다"고 능청을 부리는가 하면,

"옛날 얼굴이 없는데 우찌 알끼고…"

"가시나야, 요새 자연산이 어디 있노?"

여자동창들 끼리는 얼마나 변했는가를 살피는 게 아니라 얼마나 고쳤는지 확인하는 듯 했다. 반가움과 동시에 묘한 시기심이 섞여 나오는 말투가 한동안 오고가며 박장대소를 한다.

남자들은 객지에서 힘들게 살아가는 친구도 왔고, 교통사고로 두 번이나 큰 수술을 했던 친구도 얼굴이 좋아보였다. 그렇게 40년 만에 갑자기 수소문해서 만나는 동창회이기에 나눠준 참석자들 연락처에서 성이 틀리고 이름이 틀린 친구들이 잠깐 항의(?)도 했다.

달려가서 짝꿍 허리를 덥석 안아보는 친구가 있는가하면, 오랜만이라 얼굴이 잘 기억나지 않는 친구들은 살던 곳을 물어보곤 동네 골목길과 등·하교 길의 추억으로 동창생을 확인했다. 전부가 50여명에 불과하니 대부분 살던 집 위치를 말하면 이내 서로를 알 수 있었다.

전남 곡성의 장미축제장을 향해 달리는 차가 대구를 통과하면서 중간에 추가로 친구들을 태우며 장을 보는 동안 즐거운 해후는 계속되었다. 아직 결혼을 못한 친구는 '돌아온 싱글'이 없나 찾아보기도 했다. 서울과 부산, 포항과 대구, 거제와 목포에서 온 친구까지 전부 10대 철없던 시절로 돌아가 깔깔거렸다.

나는 부산에서 사는 고종 여동생과 오랜만에 만나 나란히 앉아, "오빠는 맨 땅에다 헤딩한 거다. 옛날에 진짜 고생 많이 했어요"라는 말도 들었다. 갑자기 마누라가 입원해서 못 왔다는 친구의 소식이 전해지자 누군가가 "왜? 임신했는가 보지…"라고 농담하여 폭소가 터졌다.

동창들과 전화연락이 안 되서 불참한 친구도 있었다. 하필 그날 대구에서 기계공구조합 회장 취임식이 있어서 못가는 친구는 아쉬움에 일부러 버스까지 와서 잘 놀다오라고 찬조금만 던지고 갔다.

평소 등산으로 단련된 근육질 친구가 사회를 보며 앞으로 동창회 행사 때마다 추진위원장도 맡기로 약속했다. 내가 1년 동안 초대 회장을 맡기로 하고, 여성부회장, 총무까지 만장일치로 선출한 후, 이어진 차내 노래방은 흥겨움 속에 수차례 앙코르 요청 박수까지 나왔다.

그래, 우리도 5월처럼 살자

신록 속에 경상도에서 전라도로 굽이굽이 넘어가는 5월의 마지막 날은 우리들의 만남만큼 태양도 종일 뜨겁기만 했다. 5월은 '계절의 여왕'이라고 한다. 5월에 태어나고 5월에 작고하여 5월과 각별한 인연을 가졌던 수필가 피천득은 〈5월〉이란 시에서….

"내 나이를 세어 무엇 하리
나는 오월 속에 있다.
....

라고 찬양했다.

그날만큼은 우리 동창들의 나이도 꼭 5월처럼 싱그러운 나이였다.

거창휴게소 한 구석에 조립식 탁자를 펼쳐두고 미리 준비해온 간단한 아침식사를 했다. 다슬기국과 몇 가지 반찬이지만 다들 맛있게 그릇을 비웠으나, 짐칸에는 여전히 먹을 게 많이 남아있었다.

디저트로 아직 따끈한 떡이 한 접시씩 돌려졌고 여흥은 계속되었다. 나이 4~50이 넘으면 대체로 여자들이 흔들고 노는 데는 더 적극적이다. 우리 동창들도 그랬다.

여자들의 '남행열차' '당돌한 여자'에 이어, 목포에서 콧수염을 기르고 온 강경준이 열창한 '빗물'에서 100점이 나오자 왕년의 인기가 폭발했다. 앙코르로 신청한 애잔한 '가시리'도 역시 100점. 신나는 뽕짝들이 쉼 없이 흐르고, 노래를 못한다는 남자들에겐 "노래말고 뭘 잘 하는데?"라고 골렸다.

곡성역 기차마을 축제장은 시간이 안 맞아서 미니열차를 타지 못했고, 장미 외엔 소문보다 볼게 없었다. 파전과 막걸리로 더위를 피해 목을 축이는 것으로 대신했다.

사성암에 머문 한 시간

도중에 소원 한 가지는 들어 준다는 전남 구례군의 지리산 화엄사 말사인 '오산 사성암'에 올랐다. 무려 1500여 년 전에 가파른 산꼭대기에 지은 암자지만 마을에서 출발하는 3대의 미니버스는 쉴 새 없이 관광객을 퍼 날랐다. 친구들은 산 위로 부는 바람에 한참을 쉬며 못다 한 얘기들을 나눴다.

약사여래불을 모신 암자 계단을 오르니… 기둥 입구에 소박하게 붙은 하얀 종이 두 장. 어느 스님이 쓴

글인지, 사람들은 약사여래 앞에서 삼배를 올리는 것
보다 더 심각한 표정으로 멈추어 선채 준엄한 글을
읽고 내려갔다.

"내가 곧 죽는다는 것을
기억하는 것은

인생에서
큰 결정을 내리는데
가장 중요한 수단이다.

죽음 앞에서 정말
중요한 것만 남을 뿐이다"
————————————

"세상 모든 일에 초연하라.
죽은 사람처럼
분별심과 집착을 놓아라"

그 암자에 머문 동안 잠시나마 우리들에게 '왜 사는가?'를 생각하게 해준 차분한 시간이었다. 하지만 굽이굽이 산길을 내려오며 심하게 흔들리는 차속에서 이내 우리는 그 글을 다 잊어가고 있었다.

여동창생들 중 가장 덩치가 컸던 키 큰 친구는, 학창시절엔 육상에다 투포환도 했는데 이제는 체격이 날씬해졌다고 부러워했다. 그녀는 "나는 눈만 뜨면 소를 끌고 나갔고, 시간이 나면 다슬기 잡고 소 풀을 베며 종일 일을 해야만 했다"고 친구들과 놀 수도 없었던 아픈 추억을 말했다. 소를 잃어버려서 한밤중에 친구들과 소를 찾으러 산길을 헤맨 추억도 여러 번 있었다고 하니 다들 기억난다며 공감했다.

누군가는, 책상 위에다 선을 긋고 짝꿍이 팔꿈치라도 넘어오면 여지없이 연필로 찍어댔던 못된 여학생을 벼르고 있었는데 안 왔다고 했다. 또 볼 때마다 괴롭히기만 했던 남학생을 "오늘 만나면 진짜 가만 두지 않으려 했다"는 농담도 있었다. 후환(?)이 두려웠던지 그는 다행히 오지 않았다.

마지막 여정이 끝나가는 저녁 무렵. 지리산 휴게소 잔디밭에 자리를 깔고 남은 음식들을 펼치고 뒤풀이를 가진 다음 출발점으로 향했다. 12시간여 만이다. 고속 버스 안에선 여자들이 주도권을 가진다는 사실을 다시 한 번 확인한 시간이었다. 약간의 취흥과 뽕짝메들리가 이어지는 가운데 전반전에 이미 취해서 내내 잠든 친구도 있었다.

대구 시내로 들어서며 아쉬운 작별들이 이어졌다. 7월이 오면 이번 오지 않은 친구들도 불러 고향 동곡에서 다시 모이기로 약속했다. 나는 고마운 동창들에게 그날 흑염소 한 마리를 희생양으로 잡겠다고 약속하고 말았다. 자정을 넘겨 도착한 6월 첫 날. 보름달이 휘영청 밝기만 한데 나머지 동창들과 만날 고향 동곡의 7월이 기다려졌다.

015

다시 모인 동창들

━━ 7월 12일 토요일. 영상 35도가 넘는 후덥지근한 날 오후에 청도 〈길천가든〉으로 동곡초등학교 동기들 23명이 다시 모였다. 하늘은 잔뜩 흐려서 긴장된 날이었다. 그 농원은 농가작목소득사업으로 호박을 테마로 한 체험교실을 운영하는 곳이었다. 각종 유실수와 채소를 재배하는 수천 평의 농원과 작은 카페가 잘 어울렸다.

경남 충무와 대구, 멀리 서울과 전남 목포에서 속속 도착하는 동기들이 몰고 온 10여대의 다양한 차들. 어느새 마당의 입구까지 꽉 찬 주차장을 보면서 문득 옛날생각이 났다. 나도 동기들도 훗날 각자가 승용차를 몰고 이렇게 고향을 찾게 될 날을 꿈에도 생각하지 못했을 텐데…

하필 그날 에어컨이 고장 나서 마당에 식탁을 두고 대형 선풍기 두 대를 틀고 염소불고기와 닭갈비를 구워 먹었다. 두 시간이나 늦게 도착한 여자동창생은 대구에서 시어머니를 모시고 함께 왔다. 다음 동창회 때도 의심(?)하지 않고 보내주실 것 같아서 당연히 시어머니도 잘 대접을 해드렸다.

민둥산으로 땔나무 하러 산으로 갔다가 영림서 직원에게 땔감과 지게도 뺏기고 붙잡혀갔던 얘기. 친구들은 곁가지만 치고 내려오는데 나는 겁 없이 밑동까지 베고 오기에 단속 당할까봐 같이 가지 않으려고 했던 일 등등.

낚시하는 친구들 따라가 뒤에서 구경하다 휙 던지는 낚싯줄의 바늘이 하필 콧구멍에 걸려서 황당했던 친구. 진해 군항제 때 돗자리를 깔고 노인행색으로 손금을 봐주다가, 마침 놀러 온 친구 서중환의 누님과 매형에게 딱 들켜서 당황했던 내 얘기들까지. 옛 얘기들은 끝도 없었다.

여자동창들까지 편을 짜서 땀 흘리며 내기 족구도 한 판 벌이다가 지나가는 소낙비에 그만 두고 진하게 우려 낸 염소탕을 한 그릇 비웠다. 무더위에 서로 추억을 얘 기하며 반갑게 술잔을 나눈 후 저녁 뒤풀이를 하러 동 곡초등학교로 떠났다. 친구들과 함께한 그 여름날 밤이 아직도 눈에 선하다.

떠나기 전, 농장 카페테리아 실내 벽면에 걸린 10여 개의 나무판에 쓰인 좋은 글들을 둘러보며 마음에 드는 두 개를 메모했다.

"인연을
그냥 스치는 곳에 머물게 하지 말고
소중한 만남으로 만들어라"

-법정 스님-

"아무리 쓸모없고
비천한 것이라 해도

사랑은
그것들을 가치 있고
귀한 것으로 바꿔놓을 수 있어

사랑은
눈으로 보는 게 아니라
마음으로 보니까"

−윌리엄 셰익스피어−

016

지성至誠이면 감천感天

━━ 창원대 경영대학교 동기들과 제주도 한라산에 올라 산신제를 드린 적이 있었다. 그때 한라산 산신할머니에게 기도하며 "제가 다음에 백두산에 가면 산신할아버지를 불러서 합심시켜 드리겠습니다"라고 약속했다. 다음 해 동기들과 백두산 여행을 가서, 산신 할아버지께 제를 올리려고 했으나 천지에 먹구름이 가득 내려앉아 해가 보이지 않았다.

더구나 북한 감시원들이 가까이 지켜보고 있기에 준비한 제물을 차려놓고 마음대로 기도할 수 있는 처지도 아니었다. 가이드한테 일단 감시원을 멀리 따돌리도록 한 후, 일행들이 나를 에워싸서 주위가 보이지 않게 가리도록 했다. 정성을 다해 한라산 산신 할머니의 사연

을 고하자, 한참 제를 올리는 도중에 차츰 구름이 물러
가며 하늘이 서서히 열리는 것을 느낄 수 있었다.

산신 할아버지가 호응하듯 햇빛이 천지 위로 환하게
내리비치자 일행들의 박수와 환호소리가 들렸다. 초자
연의 힘을 믿는 사람들은 알 수 있듯이 나 또한 오랜 경
험으로 수많은 사례들을 보아왔다. 일상생활에서도 사
람이 지극하게 원하면 보이지 않는 영의 힘으로 그 꿈
을 능히 이룰 수가 있는 것이다. '至誠이면 感天'이라고
하지 않았던가?

017

내가 바로 그때 그 조교

——— 한번은 교수들과 욕지도에 1박 2일 놀러갔던 적이 있었다. 민박집 주인이 자신의 군대생활 얘기를 하면서… 정비 교육대에서 특별히 조교 한명이 깐깐하게 교육해서 참 힘들었다고 했다. 듣고 보니 우리 부대에서 교육받았던 얘기였고, 문제의 조교가 바로 나였다.

그때는 내 체형이 말랐는데 세월이 한참 흘러서 살이 찐 것을 못 알아보고 하는 말이었다. "내가 바로 그때 그 조교요"라고 고백하자 깜짝 놀라는 표정이었다. 인연이란 참 우연하게 뜻하지 않은 곳에서 다시 만나 술잔을 기울이게 되기도 한다.

제4부
사회활동과 봉사

어둠 속의 불기둥

018

새해 운세를 보고 낸 성금

━━ 2007년도 겨울은 서해안 태안반도에서 온 국민들의 관심 속에 기름띠 제거 봉사활동이 펼쳐지고 있었다. 동참하지 못하지만 나도 뭔가 기여하고 싶었다. 12월 26일부터 5일간 경남도지사 관사 앞 잔디광장에 텐트를 치고 무료로 새해 운세를 상담하고 받은 성금 400만원을 태안반도 기름제거 봉사대에 전액 성금으로 기탁하는 것으로 대신한 적도 있다. 마침, 기름유출사고로 마음의 상처를 받은 서해 주민들에게 성금 지원을할 수 있어서 기뻤다.

태안 앞바다 기름띠 제거에 동참한 자원봉사물결

창원시 경남도지사 관사 앞

동의대학 축제기간에는 사흘 동안 텐트를 치고 운세를 봐준 대가로 1만원씩 받은 성금 500여만 원을 모아서 학교장학기금으로 기탁했다.

내가 가진 능력이 철학이라면 그 능력으로 사람들에게 흉하지 않은 길을 선택하도록 도와주는 것이 가야할 길이라 생각된다.

동의대학교 축제

행사장을 찾은 시민들도 운세상담을 통해 불우이웃도 도울 수 있다는 이색 모금활동에 대해 따뜻한 분위

이승록 관장은 모교인 동의대학교 축제에서 현재 학생들이 안고 있는 많은 고민들의 상담을 해주어 학생들의 큰 호응을 얻었다. 적게나마 모인 수익금은 학교 장학금으로 다시 학생들에게 돌려주었다.

기를 함께 느낄 수 있었다. 못 배운 한과 없는 자의 고통을 누구보다 잘 안다. 가진 능력 안에서 펼칠 수 있는 봉사를 삶이 다하는 날까지 해나갈 것이다.

　가난을 벗어나기 위해서 사춘기 시절부터 많은 기술 자격증을 따서 능력을 인정받는 기능인의 삶을 살 수밖에 없었다. 일하면서 배우고, 배우면서 가르치는 게 평생 내가 가야할 운명으로 받아들인다.

국제 라이온스 서창원 L.C 이사로서 금탑 라이온스 훈장을 받는 등 지역사회의 일상사에도 많은 봉사활동을 펼쳤다. 최종 목표인 교수가 되었으니 어려운 학생들을 도와주며 참 길로 인도하고 싶다.

동의대학교 교정 기념식수

李 承 錄

아 호 : 巨 木	
본 관 : 慶 州	
출 생 지 : 慶北 清道	
생 년 월 일 : 1962. 12. 2.	

상 훈

대통령표창 · 장한무궁화금상훈장
북한대학원대학교총장 최우수표창
부산대 · 동의대 · 창원대총장공로패
한국일보사장그랑프리 대상
특별라이온스대상(무궁화금장 · 훈장)
국제라이온스클럽말빈존슨표창 · 감사장
국제라이온스회장감사장
355-G지구라이온스총재표창
지방 · 전국기능경기대회 입상 다수

학력 및 경력

- 동곡초등학교 · 금천중학교 졸업
- 대학입시검정고시합격 · 동아대학교체육과 졸업
- 부산대학교대학원철학과 석사 · 동의대학교대학원박사 · 부산대 · 창원대AMP 수료
- 민주당특별위원회위원 · 창원시운영위원회위원
- 부산대학교AMP수석부회장 · 부산대학교산악회장
- 경상남도불교연합회위원 · 동의대학교 출강
- 창원시철학학술위원장 · 옹남초등학교운영위원
- 동아대학교부북부수석부회장 · 창원대학교AMP0사
- 한국역술인협의회장 · 민주공동체북한 대학원 부회장 · 금천중학교 28회동창회 회장
- 6동동지회회원 · 경상남도무속인협의회0사장
- 국제라이온스355-G지구서창원라이온스클럽 부회장
- 옹남초등학교운영위원 위원장

"장사란 이익을 남기기보다는 사람을 남기는 것이다."의 生活哲學을 座右銘으로 실천궁행하며 주위진 처에서 묵묵히 최선을 다하고, 자신의 몸 安危나 榮達보다는 이웃과 地域社會 國家와 民族의 發展을 먼저 생각 고 기여한 공로로 대통령표창, 장한무궁화훈장, 한국일보사장 그랑프리대상, 특별라이온스대상, 국제라이온스 사장, 부산대 · 동의대 · 창원대학교총장 공로패 등 다수의 상훈을 수상한 地域社會 및 國家社會發展有功人士이다

시조는 李謁平 新羅의 佐命功臣이었으며 朴赫居世가 王이 된 뒤 벼슬이 阿飱에 올라 軍務를 장악했으며 리왕 9년 양산촌 李氏로 사성되고 법흥왕 23년 문선공으로 諡號하였으며 무열왕3년 은열왕으로 추봉되고 수 은 名臣, 碩學, 將臣, 淸白吏를 수없이 많이 배출한 海東屈指의 名閥 慶州李氏 後孫으로 1962년 12월 2일 紫水明하고 수많은 文化財를 간직한 花郞精神의 발상지 경상북도 청도 금천 동곡 에서 부친 李判錫 공 모친 孫戊生 여사의 가난한 農夫의 오막살이 집안에서 3남 4여 중 장남으로 태어나 傳統的으로 崇文禮學을 嚴父慈母의 자상한 家庭教育을 받으며 어려서부터 남달리 총명하여 많은 사람들의 사랑을 받으며 초등학교 학년 때부터 허기진 배를 잡고 신문배달, 머슴살이 3년 등 晝耕夜讀으로 금천중학교를 우수한 성적으로 마 고 무작정 上京 철공소에서 기술을 배워 성남직업훈련원 지방경기대회, 전국기능경기대회 등에 출전하였으 積極的인 奉仕精神과 責任感이 투철한 進取的인 인물로 성장하였다.

군 복무3년 동안 국가기술기능사 1급자격증 5개의 資格證을 取得하였으며 전역 후 대입검정고시에 합격 의대학교경제학과를 졸업하고, 부산대학교 대학원 철학과를 수료 석사학위를 취득하고, 동의대학교대학원 수료 博士學位를 取得하며 碩學으로 이 시대에 참 奉仕者이며 自手成家한 立志傳의 人物이다.

巨木先生의 向學熱은 여기에서 멈추지 않고 민주공동체, 북한대학원 및 부산산대학교 · 창원대학교 AMP 과정을 수료하였으며 민주당특별위원, 창원시운영위원, 西창원 라이온스클럽 부회장, 부산대학교 산악회회 장, 경상남도불교연합회 위원 등 地域社會 및 國家社會發展에 크게 이바지 하였으며 동의대학교 출강 棟梁之 材養成에도 힘쓰며, 어려운 이웃을 지나 치지 않고 24년간 무료로 처방봉사하면서 연인원 50여 만 명에게 사 랑의 손길을 펼쳤으며, 소외되고 불쌍한사람들에게 사랑의 손길을 펼친 지난날에 대하여 무한한 긍지와 자 심으로 더 많은 사랑의 손길을 다짐하면서 地域社會發展을 위하여 力動的인 活動을 펼치고 있다.

선생은 著書 『명리학 용호사책편찬 1 · 2 · 3. 권』을 출간 후학들의 지침서가 되게 하였으며 가족으로는 신적인 내조로 공이 큰 부인 朴仁淑 여사와 슬하에 아들 鎬誡 · 仁友 兄弟를 이 사회를 지탱할 훌륭한 버팀목 으로 성장시키며, 和睦하고 祝福된 健康한 家庭을 이루어 주위에 龜鑑이 되고 있다.

2014년 4월 15일

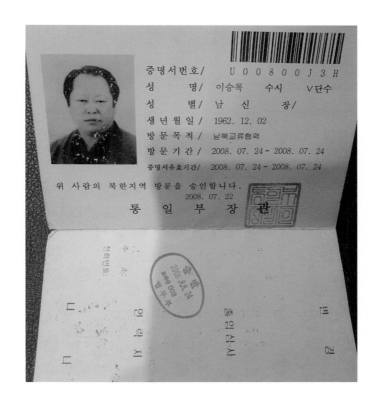

김해 진례면 소재 평지마을 평지저수지 둘레길 부근 농장에서

019

저수지 둘레길 농장

━━ 2017년 들어서 우연히 창원과 가까운 김해 진례면 주남저수지 부근으로 드라이브를 갔다가 전망이 좋은 평지마을 평지저수지 둘레길 옆 300여 평의 농장이 매물로 나온 팻말을 보게 된다. 내려서 둘러보니 워낙 교통입지도 좋고 철학관과는 자동차로 30분 거리라서 어떤 용도로 개발해도 될 것 같은 느낌이 와서 서둘러 매입했다. 주말농장으로 생각하고 아침마다 거위 3마리와 만나 모이를 주고 오는 재미가 쏠쏠하다. 몇 년 안가서 또 다른 미래를 구상할 수 있는 명당이다.

평지마을 평지저수지 둘레길이 한눈에 들어온다

020

행사와 인터뷰 기사

Society

어려운 이웃 봉사 통해 더불어 사는 사회 실현 참다운 삶 보여 모든 이의 마음에 온정 가득

항상 다른 이들에게 봉사하며 더불어 사는 삶을 실현하고 있는 용호사 철학관 이승록 관장

빠르게 변해가는 산업화와 정보화로 인해 사회가 점점 삭막해져 감에 따라 자기계발과 ...

는 역술의 힘을 의지하며 스스로의 믿음을 일깨우기도 한다. 다른 이 ...

더불어 사는 사회 실현

많은 기술 자격증을 소유하고 유능한 능력을 인정받는 기능인의 길을 걸어오던 이 관장은 항상 자신의 천직을 찾기 위해 끊임없는 시행착오를 겪어오며 이 관장만의 철학 정신으로 많은 이들의 입소문을 자아내는 용호사 철학관의 관장으로 자리를 잡았다. 이 관장은 과거 어려운 가정형편으로 검정고시를 통해 고등학교를 졸업한 후 동의대학교와 부산대학교를 수료하여 꾸준한 배움의 길을 걷고 있다. 또한 이웃에 대한 사랑이 남달라 이러한 학교 내 학생들을 위해서 많은 봉사를 하고 있을 뿐만 아니라 국제 라이온스 서창원 L.C 이사로 활동하면서 금탑 라이온스 훈장을 수여하는 등 지역적으로 많은 봉사를 펼치고 있다. 자신의 어려운 시절을 항상 잊지 않고 다른 어려운 이웃들을 위해 마음적으로 금전적으로 최선의 노력과 배려을 실천하며 ...

지난 해 연말을 맞아 불우이웃돕기 성금 모금이 활기를 띠고 있는 가운데, 이 관장은 새해 운세를 상담해주고 발생한 수익금 전액을 불우 이웃돕기 모금으로 기부하는 행사를 열어 많은 이들의 주목을 받았다. 26일부터 30일까지 5일간 창원 (구)도지사관사 정문 앞 잔디광장에서 열린 이 행사는 용호사 철학관 이 관장이 후원하고 서창원 라이온스클럽이 주최하여 열렸다. 이 관장은 "연말을 맞아 많은 분들이 따뜻한 마음으로 나누고 봉사할 수 있는 자리를 마련했습니다."라고 말한 후 "태안반도 기름유출 사건으로 많은 분들이 어려움을 겪고 계신데 따뜻한 손길이 필요한 곳에 어떻게나마 모금을 해서 도움을 주고 싶습니다."라고 덧붙이며 이번 행사의 취지를 밝혔다. 그리고 "많은 분들의 참여를 예상했는데 생각보다 부진한 성적을 거둔 것 같아요. 요즘 다들 어려우셔서 그런지 조금만 성의를 보이시면 많은 이웃들이 도움을 받을 수 있는데도 참여율이 부족했던 것 같습니다. 조금 안타까움이 남는 행사지만 어떻게 모은 수익금으로 불우 이웃을 도울 수 있어 많은 위안을 삼고 있습니다."라고 말하며 안타까움을 표했다. 찾아온 손님들의 성공을 위해 매일 새벽 항상 기도를 한다는 이 관장의 철저한 이웃사랑이 엿보이는 대목이다. 철학을 통해 많은 이들에게 마음의 안정을 찾아주고 봉사를 통해 어려운 이웃들의 보탬이 되고 있는 이 관장의 더불어 사는 사회 실현에 끊임없이 이어지길 기대해 본다.

불우 학생 참길 인도하는 교육자가 되기위해

사업과 업무, 승진에 대한 스트레스뿐만 아니라 가족사, 연애사 등 모든 생활에서 나타나는 압박과 스트레스로 인해 많은 고민을 가진 사람들이 찾아와 상담을 받고 마음의 안정을 찾아가는 용호사는 많은 이들의 입소문을 통해 24년 간 한 지

▲ 지난 연말 26일부터 30일까지 5일간 창원 (구)도지사관사 정문 앞 잔디광장에서 서창원 라이온스클럽이 주최하고 철학관 이승록 관장이 후원하는 불우이웃돕기 무료 운세상담이 열렸다.

▲ 이 관장은 이웃에 대한 사랑이 남달라 학교 내 학생들을 위해서 많은 봉사를 하고 있을 뿐만 아니라 국제 라이온스 서창원 L.C 이사로 활동하면서 금탑 라이온스 훈장을 수여하는 등 지역적으로 많은 봉사를 펼치고 있다.

역에서 자신만의 철학정신을 펼치고 있는 이 관장의 명성이 끊이지 않는다. 이 관장은 이미 오래전 신의 영역이라 불리는 역학을 펼치며 역술인의 자질을 인정받았으며 현재도 끊임없는 자기 계발과 연구를 통해 자신만의 철학영역을 펼쳐가고 있다. "제 최종 목표는 교수가 되는 것입니다. 저는 과거 어려운 가정형편 속에서 힘들게 학문을 배우며 노력해 현재의 자리에 앉아 많은 이들에게 배풂며 살아가려고 노력하고 있습니다. 끊임없이 발전해 나가 교수가 되어 저처럼 어려운 학생들, 방황하고 방탕하는 학생들을 도와주며 참길로 인도하고 싶습니다."라고 말하며 "또한 먼 훗날 이러한 제 꿈의 성공기를 책으로 집필해 많은 이들에게 희망의 안내서로 큰 보탬이 될 수 있기를 기원합니다."라고 덧붙였다. 함께 더불어 사는 사회를 만들기 위해 마음으로부터 시작하는 봉사적인 철학을 펼치며 그만의 온정을 모든 이들의 마음에 전파하고 있는 이 관장의 무궁한 발전을 기대해 본다.

취재/이경미 기자

▼ 교수가 되어 자신의 성공기를 책으로 집필해 어려운 이들에게 희망의 안내서 역할을 하겠다는 이 관장은 수익금 전액을 어려운 이웃들에게 전해주고 있다.

인사하던 그는 47세의 나이와 어울리지 않는 에너지와 순수함이 돋아났다. 그의 에너지의 원천은 무엇일까 궁금했던 기자는 그와의 대화를 통해 그 답을 찾을 수 있었다.

"저는 학생입니다. 사실 중학교를 나와 사회에 일찍이 뛰어든 터라 학문을 포기해야했습니다. 하지만 늘 못다 배운 학문에 대한 꿈을 펼쳐보겠다고 가슴 한 켠으로 다짐하고 지냈지요." 이 원장은 군복무 시절 자신의 인생에 전환점을 맞게 되었다고 전한다.

"육군으로 군복무 중 논술을 발표하는 자리가 마련되었고 그때 저는 1등을 하게 되었습니다. 남들에게는 대수롭지 않을 일이지만 배우지 못한 한이 있던 저에게는 잃어버린 자신감을 회복시켜준 계기가 되었습니다."

그는 군 제대 후 본격적으로 늘 따라다니던 중졸이란 꼬리표를 지우기로 결심했다. 먼저 이 원장은 그 당시 주목받던 국가 기술 자격증 1급(기계 가공 기능사 1급)을 획득하였다. 이후 검정고시를 준비하며 학문의 길을 펼쳐나갔다. 적지 않은 나이라 어려움이 많았지만 차를 타는 시간조차 쪼개가며 영어를 들었고, 책 한권을 모조리 외우기도 했다. 재능이란 자기 자신을, 자신의 힘을 믿어주는 것이고 삶이란 희망을 버리지 않는 자의 것이 아닌가. 그의 영어단어가 쓰였던 낡은 수첩은 그의 노력의 과실을 보여주는 표본 이였다. 4년 반이라는 시간을 학문의 꿈을 펼치기 위해 노력했던 그는 당당히 검정고시에 합격했다. 하지만 그는 여기서 멈추지 않았다. 곧이어 아들과 같은 나이의 학생들 사이에서 수능을 보고 창원대학교 경영학과에 입학했다. 그리고는 동의대학교 대학원 경제학과 정과 부산대학교 대학원 행정학 과정을 밟으며 미래에 대한 꿈을 펼쳐나가고 있다.

"사실 철학관을 운영하며 두 군데의 대학원을 다니는 일은 체력적으로도 많이 힘듭니다. 하지만 승리는 가장 끈기있는 사람에게로 돌아간다는 말이 있지 않습니까 ... 공부할 수 있다는 것 자체에 큰 행복을 느낍니다."

동의대학교 거북회 부회장을 맡고 있는 이 원장은 과거 어려운 ... 지 못했던 자신을 생각하며 어려운 형편에 있는 학생들을 위해 배 ... 려운 형편에 있는 학생들이 당장에 어려움 때문에 학문의 길을 포 ...

"제가 쓰러지지 않는 한 공부를 계속해 나갈 것입니다. 가장 ... 것입니다. 부족한 부분이 많지만 부족함을 채워나가며 어려운 ... 탑이 되고 싶습니다."라고 전하며 학문의 길을 열어준 동의대학 ...

철학연구학자 인생

철학에 대해 국어사전은 이렇게 정의한다. '인간과 세계에 대 ... 는 학문. 혹은 자신의 경험에서 얻은 인생관, 세계관, 신조 따위 ... 지 않은 학문이며 또 우리의 삶과 가장 가까운 학문이다. 세상 ... 원에서 암 선고를 받았지만 민간요법으로 병을 회복한 사연, ... 을 발견한 사연 등 구사일생으로 인생을 다시 사는 이들이 있 ... 재 운영하고 있는 경상남도 창원시에 위치한 용호사 철학관은 ... 고 남녀노소 세대를 불문한 다양한 사람들이 줄을 서서 그를 ... 있다. 우선 그는 대단한 신통력의 소유자이다. 역대 대통령의 ... 이 있는가 하면 병원에서도 포기한 환자를 기 ... 니라 미래의 사건을 예언해 불운을 방지하는 ... 지 않는다. 어려운 사람이 그에게 ... 길을 안내한다. 그렇게 ... 을 표하며 성공의 내일 ... 는 안됩니다. 제가 가 ... 홍하지 않은 길을 선 ...

경남여성신문

제169호 (주간) 2007년 12월 24일 - 12월31일

http://gnnews.newsk.com

운세 상담 수익금 불우이웃 돕기

용호사철학관의 이색 모금활동

한국일보

더불어 사는 세상을 위한 '철학'

용호사 철학관 이승록 관장
(우수철학인 부문)

세계로 나가는 (주)XLC

2008년 법인으로 설립된 (주)XLC는 현재 교도소 해외 및 15개 프로그램으로 특허를 출원하였으며, 미국, 일본, 유럽, 미국, 태국에서도 특허를 출원하여 세계로 나가는 임종복합산업체가 되었다. 2008년 설립을 계획으로 있으며, 2010년에는 운·수·장 서비스 시스템 기초사업 구축으로 서비스의 국제화 를 계획하였으며, 더불어 이른 사회 본사교육과 사업 전개로도 기여할 계획이다.

행복을 만들어가는 철학인생

동의대학교 거북회 수석 부회장/국제 라이온스 서창원 L.C 부회장
용호사 철학관 이승록 원장

글제 정영희 기자/글 홍미선 기자

경남도민일보

제2450호   2007년 12월 31일 월요일

"2008년 운세도 보고...

힘든 태안 주민도 돕고"

이승복 불우이웃돕기 성금 받고 쓰유 상담 '눈길'

"여러분의 행복한 미래를 봐드리니…"

는 세상을 위해 철학을 펼치다

...북회 수석 부회장/국제 라이온스 서창원 L.C 부회장
...화관 이승록 원장

...절 모른다' 라는 말처럼 어려
...고 성공하면 달려드는 사람
...을면서 살갑다 하는 말을 하다
...우 특수하는 생기 되 기억마음이
...희학의고 시민들의 삶이 더욱 여
... 행복 어려진다는 외면하는 사
...간다라는 현실이 도래했다. 새해
...지금도 많은 곳에서는 도움의 손
...간다하지 남북나지만 자신의 욕심
...우 마음을 전하는 이가 극히 드문
...이런 각박한 세상 속에서 어려힘
...도 힘든 이들에게 한걸기 빛과
...고 있는 이가 있다. 바로 흥호
...창원이 그주인공이다.

...들의 전달

...일 송호산도 등에서는 12월 2도
...일 찾힘된 흥호사 철학에는 여
...할 행동가 크게 밀려도록 만건
...거칠환 바음으로, 인생의 길을
...담되어 수많은 전에 많고
...담되어 이들에게 전해진다. 상담을 받는
...못난 마음이 전해진다는 생각에 흥분한 마음으로
...한다.
...많은 사람들의 근심걱정을 해소해 쓰기위해 ...
...관하는 흥호사 철학은 이승록 원장은 예년 이러한
...어려어온 이들에게 희망을 불어넣 전하고 있다.
...가 보이지는 않지만. 내가 가진 능력이 철학
...도 사람답게를 충하게 쉽을 신비하도록 모
...아부 깊어진 생각이다" ...후 원장은 오히려 더 많...
...

철학으로의 길

...수많은 봉사의 마음을 펼치고 있는 이원장도 처음 시작한 작은 달에
...담깨쳤밌다. 한 의 과정을 하며 남기 힘들 기술을 익혀오던 때도 있었
...다. 갈림길는 노력으로 수많은 자격증을 취득하며 손곰에 살며 안정
...을 찾아던 게 철학과의 깊이어 한점을 찾아했다.

...만약 철학을 만나게 않았더라면 지금의 한 기업의 대표가 되어 반았을
...지도 모를 그렇지만 철학과의 만남은 그가 아무런 미련 없이 들여어
...게 만들었다. 타인이 인생 갈밍이가 되어주어야 하는 일이구에 갈밍...
...있는 경우의 노력으로 정리해야 하고 생각했다. 그는 자기 가장멀...
...
...후 원장은 군복무 시절 자신의 인생의 전환점을 맞게 되었다고 찾한
...다. "육군으로 군복무 중 논산으로 얼마되로, 거기서 아빠리타임는 그때
...일을 하게 되었다. 남들에게 대수롭지 않을 일이지만 매우 가 못한
...환이 있던 나하웨크 들일어이다. 그러게 나는 화복시면 근나는 계기가 되
...었다"고 하는...

...나에게 철학이 달라 곳이 존이 많이다"고 말하는 흥 원장은 앞으
...로도 번치없 같을 마음을 드러냈다.

변하지 않는 마음으로 더불어 사는 세상을 위해

...찾아온 손님들의 상담을 위해 매일 새벽 항상 기도를 한다는 이승록
...원장은 눈에 보이는 상담을 하는 것이 아니라 흥호사 철학관과의 인
...연을 가진 손님들의 앞날 또 매일 정성어린 마음으로 수행한다.
...고 한다.

...철학관이 특성상 사회적 현상을 밀접한 관련이 있기 때문에 면역을 정확
...히 분석하는 데이며 다고 한다. 사회의 모든 문제가 나
...고 임상 위입업무에도 모으나 문사이 철른어 찾아오는
...특수어 많다고 한다.

...이렇게 제각기 다른 고민으로 찾아오는 손님들의 입장에서 생각해
...던역을 바라해 주면서 인간 미인으로서 민간이 속에서 모든 상담...
...이 이루어진다고 한다. 이렇게 오랜동안 한 지여에서 철학관으로 명...

...거부하고 있으며 또한 모교인 동아대학교의 기획회의 수석 부회장을 역
...
...은 봉사를 하고 있다고 한다.

...이승록 원장의 이런 철학 활동을 사회를 행복...
...한 길을 함께 같이 되어 사는 사회를 만드는 것임이 행복도
...한 길 지역적으로 많은 봉사를 펼치고 있다. 봉사는 아
...흥으로부터 이루어야한 본인 스스로 어려운 사
...생활하고 그 누구보다 진심어린 마음으로 봉사를 하며
...적인 이익을 추구하는, 철학관에 찾아오는 손님들에게도 긍정...
...에 인간적으로 다가가며 상담이 이루어질 수 있도록 하...
...있다고 전한다.
...그렇다 보니 사상이 어려운 손님이 오면
...정을 설정하게 되면, 그에 따라 상담은 손님이 오면
...한 후에 그제야 보내주는 일도 많다고 한다. 상담 정...
...간 2시간 가량 이루어지는 철학 광경이라고 한다. 이런 마음
...바탕에서 이승록 원장을 모르는 이가 없을 정도라는 한다.
...인생 상담을 받으러 고민에 쌓여 새벽 멀리 해외에 있는 ...
...
...2월 17일 열린 일요일 22시로 일주일간 방...
...한 KBS 방송국 "생... 도... 일주일간 방...
...도 있었지만 지금은 그런 면에서 수익을 전혀 상관 없이
...로 전심어 속에 그동안 깊고 따뜻한 복지사들 얼마도 ...
...성의 사회인 기술에 잇도록 하는 노력을 아끼지 않고 있...
...혜의 손결이 이어지게에 연...

...영의 전부다고 원래히 얼...
...의 교통이로 어려운이런 ...
...한다. 그동안 흥호사 철학...
...

흥호사 철학관 055-287-8645/011-9518-8645

▲ 보육원 성금 전달

IFSC, 16th International Feng Shui Convention. (국제풍수학술대회) 2019년 11월 9일~10일 싱가포르 국제풍수학술대회에서 우수 인테리어상을 수상 후 기념 촬영.

사진 맨줄 좌측에서 오른쪽으로, 김영숙, 박영순, 안송기, 유혜진, 김하재, 윤나현, 이재, 뒷줄 우측에서 좌측으로, 김민혜, 송상용, 정현수님, IFSA, 대한민국 정기팀 회장, IFSA, 국제풍수협회 Vincent Koh 부회장, IFSA, 국제풍수협회 Darren Ng 회장, 부산과학기술대학교 풍수명리복지과 류주창 경영학박사 김기영 교수, 한국부동산풍수지리총연합회 경상남도 지부장 이승록.

IFSC, 15th International Feng Shui Convention.(제5회) 국제풍수학술대회) 2018년 12월 1일~2일, 일본, 오카야마 컨벤션센터에서 세계, 13개국(한국, 일본, 미국, 싱가포르, 오스트레일리아, 루마니아, 폴란드, 동남 인도네시아, 뮤마르, 인도 말레이시아, 대한민국) IFSA, International Feng 회, 풍수전문가 기념촬영.

IFSA, International Feng Shui Association,(국제풍수협회) 주최 주관
IFSC, 16th International Feng Shui Convention, 싱가포르 국제풍수
학술대회에 한국부동산풍수지리총연합회, 한국풍수명리총연합회, 세계 13
개국 풍수관련 전문가들과 기념 촬영 대한민국 대표단은 사진 맨 앞줄.

부동산풍수지리총연합회

International Feng Shui Association, 대한민국.
International Feng Shui Convention, 대한민국.

어둠 속의 불기둥

초판 발행 2021년 4월 9일

지은이 이승록
엮은이 김대우
펴낸이 윤선경

펴낸곳 도서출판 오색필통
주소 서울특별시 중구 필동로 42-1 상원빌딩 2층
전화 02-2264-3334
팩스 02-2264-3335
이메일 areumy1@naver.com

ISBN 979-11-973843-2-5 03040

잘못된 책은 구입처에서 교환해 드립니다.

값 10,000원

9 791197 384325
ISBN 979-11-973843-2-5